WLADIMIR
KAMINER

Ausgerechnet Deutschland

Geschichten unserer
neuen Nachbarn

WLADIMIR KAMINER

Ausgerechnet Deutschland

Geschichten unserer
neuen Nachbarn

GOLDMANN

 Dieses Buch ist auch als E-Book erhältlich.

Verlagsgruppe Random House FSC® N001967

1. Auflage
Originalausgabe April 2018
Copyright © 2018 by Wladimir Kaminer
Copyright © dieser Ausgabe 2018
by Wilhelm Goldmann Verlag, München,
in der Verlagsgruppe Random House GmbH,
Neumarkter Str. 28, 81673 München
Umschlaggestaltung: UNO Werbeagentur, München
Umschlagmotiv: FinePic®, München
AB · Herstellung: kw
Satz: Uhl + Massopust, Aalen
Druck und Einband: CPI books GmbH, Leck
Printed in the Czech Republic
ISBN: 978-3-442-48701-1
www.goldmann-verlag.de

Besuchen Sie den Goldmann Verlag im Netz

Ein albanischer Witz über Zigeuner, in einem Flüchtlings-
heim von einem tschetschenischen Flüchtling einem Flücht-
ling aus dem Irak erzählt:

Ein Zigeuner stirbt und wird von Gott auf die Waage ge-
stellt, die Gut gegen Schlecht abwägt.

»Du hast nichts richtig Schlimmes getan«, sagt Gott,
»aber auch nichts besonders Gutes. Du hast die Wahl: Willst
du in die Hölle oder ins Paradies?«

»Gibt es hier kein Deutschland?«, fragt der Zigeuner ent-
täuscht zurück.

Inhalt

Europas besserer Teil

Am Anfang war das Wort, vielleicht zwei. Europa nimmt Flüchtlinge auf, aber nur von dort, wo Krieg herrscht, und auch nicht ganz Europa, sondern nur Europas besserer Teil. Aber wo war der bessere Teil? Man konnte eigentlich nur vor Ort herausfinden, wie er hieß und wo er sich befand. Die Europäer selbst würden es sicher nicht erzählen, sie würden ihr bestes Stück nicht verraten, sie waren ja nicht dumm. Dann kriegen wir es halt selbst heraus, dachten die Völker der Welt und machten sich auf die Suche.

Nach einer gefährlichen und abenteuerlichen Reise landeten die Völker der Welt in der Eingangshalle des Wiener Westbahnhofs. Dort in der Schlange zum Info-point habe ich sie zum ersten Mal getroffen und kennengelernt. Um 9.00 Uhr früh machte am Bahnhof der Flüchtlingshilfe-Infopoint auf, und mein alter persischer Freund Ali, der die Sprachen der meisten Völker der Welt kann, gab unermüdlich Auskunft. Zwischendurch schimpfte er furchtbar über die Ankömmlinge.

Nach seiner Theorie bestanden alle Völker der Welt aus lauten, ungebildeten und ahnungslosen Idioten. Das schien mir jedoch ziemlich unwahrscheinlich.

»Können so viele Menschen irren?«, fragte ich Ali.

»Ja und wie!«, schimpfte er. »Weißt du, was sie mich alle als Erstes fragen? ›Was ist das beste Land in Europa? Und wo kriegt man den Zug dorthin?‹ Wir haben hier am Bahnhof für alle Essen und Unterkünfte besorgt, außer für die neuen, die gerade ankommen. Aber die meisten wollen den Bahnhof gar nicht verlassen, sie haben Angst, den Zug in ein besseres Europa zu verpassen. Sie leben im Bahnhof, schauen auf die Tafeln, laufen zum Infopoint und fragen mich gehetzt ›Was ist Hamburg?‹, ›Was ist Bremen?‹«

Jeden Tag holt die Flüchtlingshilfe Minderjährige ohne Begleitung aus den Zügen. Neulich war es ein zwölfjähriger Afghane, der hartnäckig darauf bestand, dass er nach Finnland weiterreisen wolle. Als er erfuhr, dass es in Finnland noch kälter war als in Wien, wollte er es nicht glauben. Er hatte von Finnland ein völlig falsches Bild. Nach einem halbstündigen Gespräch mit dem jungen Finnlandfan haben die Helfer herausgefunden, wohin der Afghane in Wahrheit wollte: Sein gelobtes Land hieß eigentlich *Angry Birds*, die Heimat der zornigen Vögel und fliegenden Schweinchen, die in Finnland erfunden worden waren.

»Sollten die Schweine nicht eher abschreckend wirken? Moslems mögen doch kein Schweinefleisch«, wunderten sich die Flüchtlingshelfer.

»Neulich kam ein höflicher Perser zum Infopoint«, erzählte Ali weiter, »und fragte mich: ›Wann fährt der Zug nach Island?‹ Ich war vor Lachen beinahe vom Stuhl gefallen. Du, Perser«, regte sich Ali auf, »weißt du überhaupt, wo Island liegt? Wenn du hier in die Unterführung gehst, dann die halbe Erde durch, am Nordpol raus und unten links, da ist Island. Da wächst nichts und summt nichts, da leben auch keine Menschen, nur Elfen im Gestein. Warum, zum Teufel, willst dorthin?«

Das Wort habe ihm gut gefallen, gestand der Perser: »Island« – das Land des Essens.

Die Infopoint-Leute taten allesamt so, als wüssten sie nicht, wo der bessere Teil Europas sei. Aber die Glückssucher glaubten ihnen nicht. Deswegen war um den Infopoint herum eine kriminelle Struktur entstanden, ein alternativer Infopoint: Ganoven, die mit geschultem Blick feststellen konnten, wer in der Schlange Geld hatte, denn viele Glückssucher waren nicht mit leeren Händen auf die Reise gegangen. Der alternative Infopoint flüsterte den Reichen ein, die Ehrenamtlichen von der Flüchtlingshilfe hätten den falschen Globus und falsche Karten, um den Zug in ein besseres Europa geheim zu halten. Der alternative Infopoint wisse aber Bescheid und könne für tausend Euro in bar seine geheimen Kenntnisse weitergeben. Viele gingen zu einer Western-Union-Filiale, um Geld aus Libyen oder Syrien zu empfangen, scheiterten jedoch beim Ausfüllen des Formulars. Man musste dort nämlich seine libysche beziehungsweise syrische Postleitzahl eintragen, die sie nicht kannten, weil sie vielleicht nie Post bekommen hatten.

Manche waren erschöpft von der Glückssuche und gaben auf. »Zum Teufel mit dem besseren Europa, wir bleiben erst mal hier«, sagten sie.

Eine Freundin von mir hat in München einer Familie aus Syrien bei sich zu Hause Asyl gewährt, einem Mann mit Frau und fünf Kindern. Der Mann hat ihr in einem vertraulichen Gespräch gestanden, er wisse, dass es kein besseres Europa gäbe, nur dieses hier. In Damaskus war er Stofffabrikant gewesen, nun wartete er, bis der Krieg zu Ende war, und wollte dann nichts wie weg – zurück in die Heimat.

Doch die meisten gaben nicht auf. Während die Männer Glücksstrecken auskundschafteten, spazierten die Frauen am Bahnhof hin und her und inspizierten die Geschäfte. Bis auf die Nase in Tücher gewickelt, blieben sie am liebsten vor den Kosmetikgeschäften stehen und betrachteten tausend Lippenstifte und Augentuschen in den verschiedensten Farben. Ihre Nasen leuchteten. So mussten die Menschen im besseren Europa aussehen: wie die Models in der Kosmetikwerbung. Und wer weiß, vielleicht waren solche Träume gar nicht schlecht:

Einmal hatte sich in meiner Heimatstadt Moskau eine Selbstmordattentäterin der Polizei gestellt. Sie trug eine Bombe bei sich, zündete sie aber nicht. Bei ihrer Befragung gab sie zu Protokoll, sie sei auf dem Weg in den Tod an einem großen Schaufenster mit Brautkleidern vorbeigekommen und habe sich überlegt, wenn sie die Bombe jetzt zünde, würde sie nie im Leben ein so schönes Kleid tragen. Manchmal können also ein bisschen Romantik und Eitelkeit Leben retten.

Die Zugereisten froren am Bahnhof. Die Frage, wann endlich der richtige Zug in das bessere Europa kam, blieb ungeklärt. Die Einheimischen, die an den Zugereisten vorbeigingen, wussten: Es gab kein besseres Europa außerhalb von diesem hier. Das bessere Land war immer das, welches wir dazu machten. Unsere Gegenwart ist die Produktionsstätte der Zukunft. Nur das, was wir heute tun, wird morgen die Zukunft sein.

Sie hatten lange gesucht und doch nichts Gescheites gefunden, also reisten die Völker der Welt schließlich nach Deutschland. Sie sind gefahren, geschwommen und zu Fuß gelaufen, über natürliche Hürden und künstliche Staatsgrenzen. Sie haben sich über jedes Land wie ein orientalischer Teppich ausgebreitet, und sie waren auf einmal überall. Auf meinen Lesereisen durch unzählige Dörfer und Kleinstädte Deutschlands sagte ich nicht mehr wie früher »Wie geht's?« zur Begrüßung, sondern: »Wie geht's den Syrern?« Die Neuankömmlinge, egal woher sie kamen, wurden in Deutschland allgemein als »Syrer« bezeichnet. Jedes kleine verschlafene Nest machten sie zum Spielort der Weltpolitik. Flüchtlinge waren die Newsmaker der neuen Zeit.

Wer waren sie wirklich? Wahrscheinlich waren es am Anfang tatsächlich syrische Familien, die sich auf den weiten Weg gemacht hatten. Ihr Land wurde von einem Dutzend anderer Länder zerbombt, es musste ein diktatorisches Regime, zwölf Geheimdienste und mehrere radikale religiöse Sekten ertragen, die alle bis an die Zähne bewaffnet waren. Die Anzahl der Kriege, die in Syrien gleichzeitig geführt wurden, war selbst für die Einheimischen unübersichtlich geworden. Letzten Endes war es gar nicht so wichtig, wer gegen wen kämpfte. Die Friedliebenden, die Unbewaffneten gingen wie immer als Erste drauf. Alle, die laufen konnten und keine Lust auf Krieg hatten, nahmen ihre Kinder und gingen los – auf der Suche nach einer besseren, zumindest einer sichereren Welt.

Die anderen Völker, die Libyer und Afghanen, die Iraker, Pakistani, Äthiopier, Algerier und Jemeniten, alle schauten ihnen hinterher. Wo wollen denn die Syrer hin? Die Syrer sagten es nicht, vor allem, weil sie es selbst nicht wussten. Geheimtipp!, dachten die anderen: Die Syrer wissen irgendetwas und sagen es nicht weiter. Vielleicht kennen sie ein Land, in dem die Sonne immer scheint, die Menschen immer freundlich und nett zueinander sind und wo einem die Gurken ins Maul wachsen. »Wir lassen die Syrer nicht einfach so wegziehen, wir kommen mit!«, sagten die Völker der Welt und liefen den Syrern hinterher.

Nach einer Weile landeten sie alle hier, ausgerechnet in Deutschland, einem Land der Ordnung und des Fleißes. Die Deutschen schauten ziemlich komisch aus der Wäsche, als der unerwartete Besuch da war. Die ganze Welt war plötzlich hier zu Gast und das, ohne anzuklopfen. Das letzte Mal hatten sie die ganze Welt zehn Jahre zuvor zu Gast gehabt, bei der Fußballweltmeisterschaft 2006, die unter dem Motto »Die Welt zu Gast bei Freunden« stattgefunden hatte. Schon damals hatten nicht alle Einheimischen diesen Slogan verstanden. Wer sollten diese geheimnisvollen Freunde sein, bei denen die ganze Welt zu Gast war? Damals war allerdings allen klar, die Welt würde nur für kurze Zeit hier vorbeischauen, sich ein wenig amüsieren, ein paar

Bierchen trinken, die Gastgeber materiell entlohnen und sich dann wieder verabschieden. Bei der Fußball-WM ging es mehr um eine oberflächliche Bekanntschaft mit der Welt, nicht um eine Pflicht-Freundschaft.

Diesmal sah die Welt, die kam, auch ganz anders aus. Es waren unrasierte Männer mit müden Gesichtern, Jugendliche mit Bärten, Frauen in Kopftüchern, Kinder mit traurigen Augen. Begrüßen oder abschrecken? Die öffentliche Meinung teilte sich. Die einen begrüßten die Ankömmlinge am Bahnhof und brachten ihnen ihre alten Decken, die anderen zündeten die Flüchtlingsunterkünfte an und demonstrierten gegen die Fremden. Die einen sagten, wir dürfen nicht zu gastfreundlich sein, sonst kommt auch noch die andere Hälfte der Welt zu uns und untergräbt Deutschland. Die anderen sagten: Nur wenn wir den anderen helfen, können wir als Gesellschaft bestehen. Jedes Menschenleben ist gleich viel wert, niemand darf draußen in der Kälte bleiben.

Schnell wurden die »Syrer« zum festen Bestandteil deutscher Politik, zu einem gewichtigen Argument in den Gesprächen über die Zukunft der Städte und Gemeinden, zum Alltagsthema in Kneipen und an Küchentischen. Für Jugendliche wurden die Flüchtlingsunterkünfte zu einer interessanten Alternative für das

Freiwillige Soziale Jahr. Wer keine Lust auf Altersheim oder Kindergarten hatte, konnte Flüchtlingen helfen.

»Na, was machen die Syrer?«, fragte ich meinen Sohn, wenn er von der Schule nach Hause kam. In der Schule meines Sohnes, einem Sprachgymnasium mit Latein als Schwerpunkt, lebten die Syrer in der Turnhalle. Deswegen fiel für alle Klassen ein Jahr lang der Sportunterricht aus. Alle freuten sich und spielten lieber am Freitagabend hinter der Turnhalle Bierball. Bierball ist eine in Mode gekommene deutsche Sportart, bei der man sehr viel Bier trinken und mit Flaschen auf Flaschen werfen muss. Die jungen Syrer aus der Turnhalle spielten erstaunlicherweise mit, obwohl sie doch Moslems waren.

»Dürfen Moslems Bier?«, fragten die neugierigen Schüler.

»Kommt darauf an«, antworteten die jungen Syrer ausweichend. Sie haben sich tapfer geschlagen, konnten sich gut auf Englisch verständigen und wurden später von den älteren Syrern aus der Turnhalle erwischt und verdroschen.

Für mich als Geschichtensammler waren die Syrer eine große Bereicherung. Auf einmal lieferten mir die Kleinstädte und Dörfer, in denen früher nie etwas los gewesen war, tolle Geschichten. Wie beispielsweise diese hier aus einer Stadt in Ostwestfalen. Dort wollte der CDU-Bürgermeister die von der Schließung bedrohte alte Oberschule nicht aufgeben, auf jeden Fall nicht so schnell. Er war konservativ und mochte keine Veränderungen. Der Bürgermeister war früher Oberst bei der Bundeswehr gewesen, er rasierte sich die Haare gerne kurz, trug Tarnanzüge und war Vorsitzender im Schützen- und Reservistenverein. Die alte Schule hatte schon lange kurz vor dem Aus gestanden, die Stadt schrumpfte, es gab nicht genug Kinder für zwei Schulen. In der neuen, modernen waren die Klassen nur halb voll, in der alten halb leer. Jedem war klar, früher oder später musste die alte Schule geschlossen werden. Ja, sagte der Bürgermeister, aber nicht jetzt.

Dann kamen die Syrer. Die letzten zwei Dutzend Schüler wurden sofort in die neue Schule verlegt, und aus den Klassenräumen des alten Gebäudes wurden Flüchtlingsunterkünfte. Am Wochenende beschloss der Bürgermeister, den Syrern einen Besuch abzustatten, um nach dem Rechten zu schauen und zu kucken, ob die Neuankömmlinge mit ihrem Alltag klarkamen. Er pfiff seine Freunde aus dem Reservistenverein zusammen, und gemeinsam gingen sie zu der alten Schule, die sich etwas außerhalb des Zentrums befand, wobei sie eine Abkürzung übers Feld nahmen.

Die Syrer saßen gerade auf dem Hof, wo die Herbstsonne den geflüchteten Südländern ihre letzte Wärme spendete. Plötzlich sahen sie, wie mehrere Männer in Tarnanzügen aus allen Richtungen ihren Hof umzingelten. Vorneweg der Bürgermeister: »Na, alles klar?« Die kriegserprobten Syrer fielen sofort auf den Boden, Gesicht nach unten, Hände hinter dem Kopf, eine hochschwangere Frau bekam Wehen. Der Bürgermeister rief im Krankenhaus an, aber die Hilfe kam zu spät, der Reservistenverein musste in einem Akt der Solidarität kollektiv die Hebamme ersetzen. Die Ortszeitung erschien am nächsten Tag mit der skandalösen Überschrift: »Bürgermeister bekommt syrisches Kind.«

Eine andere bemerkenswerte Geschichte ereignete sich in Franken: »Das war ein schöner Überfall!«, freute sich dort ein Buchhändler. »Die Syrer haben mich gerettet. Bereits vor Weihnachten hab ich sage und schreibe dreihundert deutsche Lehrbücher verkauft, dazu Hefte, Stifte und Kugelschreiber. Sie müssen ja alle Deutsch lernen, Erwachsene wie Kinder. Sie haben Lust, die Sprache zu lernen, und sie bekommen das ganze Lernzeug erstattet.«

Die Syrer waren in der Stadt in einem verlassenen Kloster einquartiert worden, dicke Mauern, saubere Böden. Wir gingen mit dem Buchhändler durch die Stadt, es war Sonntag, alles wirkte wie ausgestorben. Oben in den Bergen lag Schnee, unten nieselte ein kalter Regen. Und plötzlich sah ich sie. Die Syrer

drückten sich an die Wände der geschlossenen Stadtbibliothek, sie klebten mit ihren Händen buchstäblich
an der Hausmauer, als wollten sie die Bibliothek umarmen. So etwas hatte ich noch nie in meinem Leben
gesehen.

»Warum umarmen die Syrer die Stadtbibliothek,
noch dazu an einem Tag, wo sie geschlossen ist?«,
fragte ich vorsichtig den Buchhändler. »Ist das die
Lust, die deutsche Sprache zu lernen, die sie so verrückt macht?«

Der Buchhändler lachte. »Natürlich nicht«, meinte
er. »Die Bibliothek ist das einzige Haus mit WLAN, bei
dem das Signal durch die Wände geht. Wenn du dein
Handy ganz fest an die Hausfassade presst, hast du Internet. Und die Syrer leben im Internet, es ist ihre einzige Verbindung nach draußen, zur Heimat.«

Wir gingen an der umarmten Bibliothek vorbei.
Sollte die Menschheit dem Internet irgendwann ein
Denkmal setzen, stelle ich es mir genau so vor.

Auch mein Freund Norbert hat seine ganz persönliche Syrer-Geschichte erlebt. Norbert hat den tollsten
Musikclub in ganz Hessen. Das finde nicht nur ich: Er
wurde vor Kurzem sogar in einem bundesweiten Wett-
bewerb für die beste Musikeinrichtung ausgezeichnet.
Der einzige Haken dabei: Sein Club befindet sich in
einem leer stehenden Haus mitten in der Stadt, einer

Ruine aus den Siebzigerjahren, sechs Stockwerke hoch mit kleinen Fenstern, die wie Schießscharten aussehen. Ein Haus aus der Nachkriegszeit, ein Kind des Kalten Krieges – die Angst vor einer neuen Auseinandersetzung ist ihm quasi in die Fassade geschrieben. Lange Zeit fand sich kein Investor für das Haus. Irgendwann wurde es schließlich an eine Wohnbaugesellschaft übertragen, die mit dem Haus das Beste vorhatte: Sofort plattmachen und an seiner Stelle etwas Moderneres bauen.

Der Club im Erdgeschoss, der angeblich beste Musikclub Hessens, wehrte sich gegen diese Pläne. Der Kampf lief nach dem Drehbuch eines Mafiakrieges. Zuerst kamen die Feuerwehrmänner in den Club, stellten erhebliche Mängel beim Brandschutz fest und monierten fehlende Fluchtwege: Der Club hätte durch die notwendigen Umbauten die Hälfte aller Plätze eingebüßt. Mein Freund beschwerte sich beim Bürgermeister.

»Das geht so nicht!«, sagte er. »Die Feuerwehr wird benutzt, um uns rauszumobben. Die Wohnbaugesellschaft glaubt wohl, sie sei die Cosa Nostra, aber sie haben sich geirrt. Wir gehen nicht!«

Die Cosa Nostra atmete tief durch und brachte ein neues, zeitgemäßes Argument ins Spiel: die Syrer. In dem leer stehenden Haus sollten Flüchtlinge einquartiert werden. Als Kriegsgeschädigte durfte keine laute Musik in ihrer Nähe gespielt werden, denn alles über 90 Dezibel könnte bei ihnen zu traumatischen Psychosen führen, wie ein mafianaher Psychiater bestätigte. »Drehen Sie die Bässe ab!«, verlangte die Cosa Nostra und rieb sich schon die Hände. Sie wusste genau, dass moderne Musik ohne Bässe nicht möglich war.

Der Club gab jedoch nicht klein bei. Die Jungs suchten und fanden eine bessere Unterkunft für die Flüchtlinge in der Nähe der Stadtgrenze in der Natur, wo man keine Bässe und keine Höhen, sondern nur das Zwitschern der Vögel und Bellen der Hunde hören würde. Dort wurden die Flüchtlinge einquartiert. Sie kamen jetzt zu den Konzerten in den Club. Anscheinend zogen Bässe gerade Kriegsgeschädigte an.

In unserem brandenburgischen Dorf hatte man keine Flüchtlinge erwartet. Es gibt bei uns keine Schule, keine Integrationsmöglichkeit, es gibt nicht einmal eine Gaststätte oder Bäckerei. Es gibt gar nichts. Nur eine alte Kirche, die immer geschlossen ist, einen Friedhof und die freiwillige Feuerwehr. Der nächste Supermarkt befindet sich fünf Kilometer entfernt in einer Kleinstadt, in der bereits zwei Demos gegen die Flüchtlinge stattgefunden hatten.

»Wir können keine Syrer aufnehmen«, argumentierten die Bürger. »Wir haben nur einen Supermarkt für drei Dörfer. Wenn die Syrer kommen, essen sie uns den leer.«

Einige hatten auch Angst um ihre Kinder, die sich erschrecken könnten, wenn sie jeden Tag an Flüchtlingen vorbeigingen.

In unserem kleinen Dorf standen jedoch zwei Wohnungen leer, und als der Bürgermeister wie befohlen den Leerstand meldete, hatten wir, zack, Syrer im Dorf. Wir mussten sie selbst vom Bahnhof abholen. Es sollte eine typische syrische Familie sein – oder zwei: ein Mann, zwei Frauen, fünf Kinder, und keiner von ihnen verstand irgendeine Sprache außer Arabisch. In unserem Dorf konnte keiner Arabisch.

»Wie sollen sie hier leben? Sie schaffen es nicht einmal bis zum Supermarkt«, meinte Elke, eine Nachbarin von mir.

»Ach komm, Oma«, sagte ihr Mann Günther. »Sie haben es durch die halbe Welt hierher geschafft, also schaffen sie auch die letzten fünf Kilometer bis zum Netto.«

Das Oberhaupt der Syrer war nach dem langen Weg offensichtlich etwas verwirrt und checkte gar nichts mehr. Wir unterhielten uns per Google-Übersetzer, der mit strenger weiblicher Stimme zu uns sprach. Das Ganze funktionierte so: Wir gingen zur Kirche, weil nur dort der Empfang gut war, und der Syrer zischte irgendetwas auf Arabisch ins Handy, woraufhin die strenge Stimme es uns auf Deutsch mitteilte: Als Erstes ließ er uns wissen, ihm gefalle es hier bei uns in Brandenburg ganz gut. Das hat uns alle verblüfft. Unser Dorf hatte ja, wie gesagt, keine Sehenswürdigkeiten zu bieten, und der Mann war gerade einmal zwei Stunden da.

»Was genau hat ihm denn gefallen? Kannst du bitte nachhaken?«, bat mich Elke und schaute sich um.

Was genau ihm in Brandenburg gefiel, konnten wir nicht herauskriegen, denn das Internet machte sogar auf dem Kirchplatz alle drei Minuten schlapp.

Die Syrer hatten kein Geld. Wir riefen beim zuständigen Sozialamt in der Bezirkshauptstadt an: »Tagchen, die Syrer sind da. Sie haben allerdings kein Geld, dabei müssten sie doch irgendetwas von Ihnen bekommen.«

»Wat für Syrer?«, fragte das Amt. »Hier kann keiner Arabisch. Wat soll'n wir mit Syrern und überhaupt: Sie rufen außerhalb der Sprechzeiten an, ick darf gar nich mit Ihnen reden. Rufen Sie uns an Dienstagen und Donnerstagen zwischen 9.00 und 12.00 Uhr an, und wir machen einen Termin mit den Syrern aus. Aber nur wenn jemand dabei ist, der Arabisch spricht«, sagte das Amt und legte auf.

Also spendete Matthias, unser Dorfältester, dem Syrer hundert Euro und fuhr mit ihm in den nächsten Ort, den Supermarkt leer kaufen. Die Frauen hatten dem Syrer einen Einkaufszettel mitgegeben. Er las die arabischen Kringel vom Zettel laut ab, und das Telefon spuckte daraufhin Lebensmittelnamen aus: »Salz«, sagte Google, »Pfeffer«, »Olivenöl«. Wie das Menü an dem Abend aussehen würde, war unklar. Es stand auf jeden Fall ein großes Kochen bevor.

Sprachkompetenz

Der Google-Übersetzer ist in diesem Jahr zur wichtigsten App Deutschlands geworden. Noch nie war die Notwendigkeit des Übersetzens so groß. Es gab in Deutschland bei Weitem nicht so viele Arabisch-Übersetzer wie nötig, um sich mit den Flüchtlingen zu verständigen. In letzter Zeit waren der Arabistik nämlich viele Studenten verloren gegangen. Ich habe selbst einmal einen arbeitslosen Arabischlehrer in Berlin kennengelernt, der gerade dabei war, eine Umschulung zum Steuerberater zu machen.

»Eine Sprache wird gern gelernt, wenn es in dieser Sprache genug Interessantes zu lesen gibt«, erklärte er mir die Misere seines Faches. »Und was hat uns die arabische Welt außer alten Schriften anzubieten? Spannende Literatur? Großartige Filme? Wichtige wissenschaftliche Aufsätze? Philosophische Traktate? Nein, diese Länder kommen in den Nachrichten fast ausschließlich unter den Rubriken ›Politik‹ oder ›Religion‹ vor. Und nicht alle Menschen interessieren sich für Politik oder Religion«, hatte der Arabischlehrer damals gemeint. Jetzt konnte er sicher nicht mehr über Arbeitsmangel klagen.

Inzwischen vertraute ganz Brandenburg dem Google-Übersetzungsprogramm. Es wurde auf dem Sozialamt benutzt, in dem Supermarkt hatte die Kassiererin es immer zur Hand, und die Apothekerin bedankte sich überschwänglich bei Matthias, als er der älteren Frau half, die App herunterzuladen, und ihr zeigte, wie man damit umging.

»Vielleicht steckt Google hinter dieser humanitären Katastrophe«, meinte unser Ortsbürgermeister. »Das Programm wurde ja in Amerika entwickelt. Die ganze Welt weiß, wie hinterlistig die Amerikaner sind. Was ist, wenn es falsch übersetzt? Wenn es das eine sagt und etwas anderes meint? Auf diese Weise könnten die Amerikaner das friedliche Zusammenleben in Brandenburg, ach was, in ganz Deutschland beeinflussen«, meinte er. Matthias hielt dagegen. Er glaubte nicht an die Hinterhältigkeit der Amerikaner. Warum sollten sie so etwas wollen?

Tatsächlich versagte das Programm oft. Das lag jedoch nicht an den Amerikanern, sondern an der Vielfalt des Arabischen. Manchmal gab es für ein und denselben Gegenstand viele Ausdrücke. Außerdem führte Google unter »Arabisch« gleich ein Dutzend Varianten:

Arabisch-Libanesisch, Arabisch-Irakisch, Arabisch-Jemenitisch. Aber Arabisch-Syrisch gab es zum Beispiel nicht. Nach mehreren Menschenversuchen stellte der Verein »Sport und Kultur e. V.« fest, dass die zu uns gekommenen Syrer am besten auf Arabisch-Jordanisch reagierten. Der Verein hatte die Schirmherrschaft über beide bei uns ansässigen syrischen Familien übernommen.

»Die Syrer sind unglaublich langsam, vielleicht sind sie aber auch einfach nur müde nach dem langen Marsch«, meinte der Vorsitzende Matthias. »Wenn man bei ihnen anklopft, dauert es eine halbe Stunde, bis die Tür aufgeht, schließlich müssen ja erst einmal alle Frauen eingehüllt werden. Wenn ich die Wohnung betrete, beschlägt mir sofort die Brille.«

Die Syrer froren nämlich in Brandenburg. Sie machten alle Fenster zu und heizten volle Pulle. Dabei trugen sie schon drei Pullover übereinander, trotzdem war ihnen kalt. Kurz vor Weihnachten schaute endlich einen halben Tag lang die Sonne durch die Wolken.

»Die Sonne ist bei uns in dieser Jahreszeit ein seltener Gast«, sagte ich zu den Syrern. »Macht die Fenster auf! Sonne ist wichtig für die Kinder. Wenn ihr die Sonne seht, geht raus aus der Wohnung, zieht die Kinder warm an, und ab auf den Spielplatz!«

Die Syrer lächelten freundlich, nickten, blieben aber

im Haus. Sie wollten nicht auf den Spielplatz. Vielleicht waren sie in der letzten Zeit zu viel draußen gewesen und wollten jetzt zur Abwechslung lieber drinbleiben?

Die Vereinsmitglieder grübelten über erste mögliche Annäherungsversuche.

»Am besten wäre es, wenn sie für uns syrisch kochen, und wir bringen im Gegenzug etwas Deutsches zu essen mit und backen Weihnachtskekse mit den Kindern. Dabei können sie schon ein bisschen Deutsch lernen«, meinte Matthias.

»Bis sie Deutsch gelernt haben, wird das Essen kalt«, meinte seine Frau. »Und wie soll man den Syrern bitte schön erklären, dass sie kochen sollen? Kann der Google-Übersetzer ›Weihnachtsgebäck‹ ins Arabische übersetzen? Gibt es das überhaupt?«

Arabisch-Jordanisch ist eine unglaublich lange Sprache. Ysuf, der Familienvater, redete ellenlange Sätze ins Telefon, und auf Deutsch kam dabei nur »weiße Bohnen« raus.

»Und ich dachte, Deutsch sei die umständlichste Sprache der Welt«, lachte ich.

»Helfen Sie Flüchtlingen, vervollständigen Sie unser Wörterbuch!«, stand auf der Google Seite.

Syrer packen aus

»Was ist, bitte schön, ein Event-Konditor?«, fragte ich Anna, eine gute Bekannte, die für diesen komisch klingenden Beruf eine Lehre in Berlin machte In meiner Vorstellung war ein Event-Konditor jenes Mädchen, das bei besonderen Anlässen aus der Torte sprang und Happy Birthday sang – vielleicht auch ein Mann. Auf jeden Fall jemand, den man in einer Konditorei zum Kuchen dazubestellte.

»Aber nein«, erzählte mir Anna. »Ein Event-Konditor ist jemand, der ganz besondere, einmalige Süßspeisen kreiert. Es ist der Künstler unter den Bäckern.«

Sie geht seit einem halben Jahr begeistert in diese Lehre. Oft bestellt sie im Internet neue Utensilien für die Herstellung von Hochzeitstorten, spezielle Geräte, essbare Farben und jede Menge Dekoration. Eines Tages kam sie spät nach Hause, und im Briefkasten lag eine Benachrichtigung, sie solle ihre Pakete im dritten Stock bei der Familie Halala oder so ähnlich abholen. Anna wusste vom Hörensagen, dass im dritten Stock seit zwei Monaten Syrer wohnten. Jeder im Haus hatte sie gesehen, es waren jedoch immer wieder andere, denen man im Treppenhaus begegnete. Niemand im Haus wusste genau, wie viele Menschen in der Wohnung lebten, und wer von ihnen zur Familie Halala gehörte. Sie waren aber friedlich und leise, also sagten sich die Nachbarn: »Wir schaffen das.«

Anna ging zu den Syrern in den dritten Stock, klopfte, wartete zehn Minuten, bis die Tür aufging, und stellte sich vor. Nach und nach kamen immer mehr Menschen an die Wohnungstür, um sich Anna anzusehen. Zuerst waren die Kinder da, dann kamen die Alten, danach die Männer, und im Hintergrund konnte man auch ein paar Frauen sehen. Die Halalas waren eine Großfamilie. Anna wunderte sich, wie viele Menschen in so eine kleine Wohnung passten. Sie selbst wohnte ein Stockwerk tiefer allein in der gleichen Zweizimmerwohnung und empfand diese als beängstigend klein.

Niemand regte sich, um ihr irgendetwas zu geben. Anna wartete ein wenig, sagte dann noch einmal laut und deutlich, sie wolle bitte ihre Post haben und wedelte zur Bekräftigung mit dem gelben Zettel. Familie Halala freute sich sichtlich über den Besuch. Sie sprachen miteinander, zeigten auf Anna, gestikulierten heftig und herrschten ab und zu ihre Kinder an. Die

Postsendung schien sich in der Wohnung aufgelöst zu haben. Nach einer Weile kam ein Kind mit einer Garnierspritze in der Hand.

»Oh, das ist meine!«, rief Anna erfreut. Nach und nach bekam sie von den Kindern all ihre verschollenen Utensilien in die Hand gedrückt, dazu noch einiges an fremder Frauenkosmetik – wahrscheinlich hatten die Syrer auch Postsendungen von anderen Nachbarn ausgepackt. Anna bekam auch den Pappkarton und alle Papiere dazu einzeln ausgehändigt. Sie wollte allerdings gerne wissen, wieso die Familie Halala ihre Post ausgepackt hatte. Die Familie schickte ein schielendes Kind nach vorne, das als einziges ein wenig Deutsch sprach. Es sagte, die Postsendung habe verdächtig ausgesehen, möglicherweise hätte eine Bombe darin sein können, und man habe beschlossen, auf alle Fälle nachzuschauen, um Anna nicht zu gefährden. Es sei aber keine Bombe drin gewesen, sondern nur Quatsch.

Anna bedankte sich bei dem Kind und sagte ihm, sie würde nächstes Mal ihre Bombe gern selbst entschärfen. Das Kind nickte diplomatisch.

»Ja, ja, die Syrer packen alles aus«, bestätigte mir mein Dorfnachbar Matthias, als ich ihm diese Geschichte erzählte.

Bei uns im Dorf war es noch heikler gewesen. Unsere Dorfsyrer hatten ausgerechnet die Postsendung ihrer bösen Nachbarn ausgepackt, einer sozial schwachen Familie mit vielen Kindern, die als Einzige im Dorf gegen die Aufnahme von Flüchtlingen gewesen waren. Normalerweise war bei ihnen immer jemand zu Hause. Aber einmal mussten sie alle ausgegangen sein, denn der Briefträger gab ihr Paket mit Kindersachen schließlich bei den Syrern ab. Und diese dachten, es sei eine Spende. Im wunderschönen Deutschland bringen die meisten ihre Spenden vorbei, aber wenn sie keine Zeit dafür haben, schicken sie die Sachen per Post. So ähnlich dachten wahrscheinlich unsere Syrer. Als die Nachbarn mit dem Zettel kamen, haben sie ihren Fehler schnell erkannt. Doch die Sachen waren schon ausgepackt und passten den syrischen Kindern wie angegossen.

Matthias musste schlichten. Die deutsche und die syrische Familie trafen sich zum Kaffeetrinken mit orientalischem Gebäck. Normalerweise setzten die Syrer als Zeichen der Gastfreundschaft und des Vertrauens einem Besucher das kleinste, niedlichste Kind auf den Schoß. Bei ihren deutschen Nachbarn ging das jedoch nicht, die hatten selbst eine Menge lauter, niesender und quengelnder Kinder dabei. Die Schlichtung gestaltete sich schwierig. Die Deutschen wollten die ausgepackten Sachen nicht mehr haben, weil sie in ihren Augen bereits gebraucht waren. Die Syrer wollten sie auch nicht haben, weil sie nicht als Diebe dastehen wollten. Der Google-Übersetzer mit seinem beschränkten Wortschatz machte die Sache nicht leichter. Nach einer Stunde des Verhandelns, beschloss unsere regionale UNO-Versammlung, die Kindersachen nicht zurückzuschicken, sie blieben bei den Syrern – als Weihnachtsgeschenke des Vereins für Sport und Kultur. Die Deutschen bestellten sich die Sachen neu, sogar als Geschenk verpackt, die Kosten wurden ebenfalls vom Verein übernommen.

»Zurzeit wird jeder Kauf als Geschenk eingepackt«, bemerkte ich.

»Die Deutschen wissen nicht, wohin mit ihrem ganzen Zeug«, philosophierte Matthias. »Sie packen alles ein. Und die Syrer haben wahrscheinlich daheim nie Post bekommen. Vielleicht gibt es dort, wo sie herkommen, überhaupt keine Briefkästen. Die Syrer packen alles aus.«

Die Flüchtlinge wurden auf ganz Brandenburg verteilt. Das kleine Schönheide hat 90 Syrer bekommen, sodass bei seinen bisher 95 Einwohnern jetzt jeder zweite ein Syrer war. Rembeck bekam ebenfalls 90, sie wurden im Schlosshotel einquartiert. Nicht alle Rembecker waren damit einverstanden.

»Geschieht euch recht«, sagten meine Nachbarn zu

ihnen. »Bei den fünf Supermärkten, die ihr für euch allein habt, könnt ihr ein paar Syrer mit durchfüttern. Wir haben ja nur einen Netto, und der ist weit weg im nächsten Dorf.« Alle anderen Ketten mieden unsere Gegend, stattdessen machten sie in Rembeck auf und säten Neid in der Umgebung. Nun schauten die Unseren schadenfroh, wenn sie durch Rembeck fuhren. Aber natürlich waren Einkaufsmöglichkeiten nicht das einzige Problem. Auch die deutsche Bürokratie stieß immer wieder an ihre Grenzen, und der Beamte des zuständigen Sozialamts schimpfte auf Frau Merkel, weil er sich vom Staat im Stich gelassen und von Arabern umzingelt fühlte. Tapfer versuchte er, mit Hilfe des Google-Übersetzers in seinem Smartphone den einfachen Satz »Ziehen Sie eine Nummer« ins Arabische zu übersetzen. Vergeblich. Die Neuankömmlinge taten so, als würden sie kein Google verstehen. Der Einzige, der eine Nummer zog, war mein Nachbar Matthias vom Verein »Sport und Kultur e. V.«, der mit unseren Dorfsyrern zum Sozialamt gefahren war, um ihnen beim ersten Behördengang zu helfen.

»Das war Syreralismus pur«, meinte er, als er mir anschließend von seinem Abenteuer berichtete. Überall auf dem Amt hatten Syrer gesessen oder gelegen. Die Eritreer hatten unterdessen das Recht der Stärkeren genutzt und kurzerhand alle Türen aufgerissen. Dem

Beamten zitterten die Hände. Matthias zog die Nummer 508, auf der Tafel leuchtete aber noch immer die 108.

»Bei der Warteschlange können wir locker noch mal losfahren und ein Kinderbett kaufen. Dann bringe ich noch die Frau in die Apotheke, damit sie etwas gegen ihr Halsweh bekommt«, dachte Matthias. Drei Stunden später kam er mit dem Kinderbett zum Amt zurück, auf der Tafel leuchtete noch immer die Nummer 108. Matthias beschlich ein schlimmer Verdacht. Er zog erneut eine Nummer – es war die 509. In den ganzen drei Stunden hatte niemand eine Nummer gezogen. Die unschlagbare deutsche Ordnung versagte auf dem Sozialamt völlig. Matthias ging durch die Menge zu einem Beamten.

»Ist irgendetwas schiefgelaufen?«, fragte er ihn.

»Ja, so ziemlich alles sogar«, bestätigte der. »Der Google-Übersetzer übersetzt alles falsch, die Araber wollen keine Nummern ziehen, die Sekretärin hat sich krankschreiben lassen, und der Geldautomat ist leer. Und wer ist schuld? Die verfluchte Merkel. Zum Teufel soll sie gehen!«, schimpfte der Beamte.

»Möglicherweise benutzen Sie das falsche Arabisch«, meinte Matthias und zeigte ihm seine Übersetzer-App.

Vegetarier an der Bushaltestelle

Nach zwei Wochen Aufenthalt in unserem kleinen
Dorf wurde klar: Unsere Syrer waren Vegetarier. Sie
kauften Mehl, Graupen, weiße Bohnen und Hefe,
wahrscheinlich, um Brot zu backen. Später kam eine
zweite Familie: sechs Jugendliche im Alter zwischen
zwölf und neunzehn Jahren und eine junge Frau mit
einem Säugling. Irgendwie waren sie ebenfalls miteinander verwandt. Die Frau sei mit einem der Jugend-
lichen verheiratet, und die anderen seien ihre oder
seine Cousins, so wurde es uns übermittelt. Sie waren schon mit dem Bürgermeister beim Sozialamt gewesen, hatten keine Nummer gezogen und dann dem
Beamten die Antworten für die Fragebögen ins Telefon gesprochen:
»Warum sind Sie nach Deutschland gekommen?«
»Weil Krieg.«
So ging das sieben Seiten lang.
Sie bekamen ihre finanzielle Unterstützung und fuhren gleich in den Supermarkt. Die zweite Familie war

nicht vegetarisch. Sie aßen Hühnchen, mochten süßes Zeug, und die Jugend fuhr total auf Energy Drinks
ab. Am liebsten mochten sie Red Bull. Der Bürgermeister gab ihnen mehrmals zu verstehen, das Zeug
sei Geldverschwendung und nicht gut für den Magen. »Es schmeckt aber«, argumentierten die Jungs zurück. Einer von ihnen fand in einem Regal eine große
Flasche »fit« für 99 Cent und hielt es für eine billigere
Energy-Drink-Variante. Der Bürgermeister versuchte,
ihn aufzuklären: Das sei kein Energy Drink, sondern
ein Geschirrspülmittel. Das Wort »Geschirrspülmittel«
wollte Google jedoch nicht ins Arabische übersetzen.

»Es wird in der Familie demnächst große Seifenbla-
sen geben«, vermutete der Bürgermeister.

Vier Monate später, im April, würden unsere Syrer
einen Asylantrag in Eisenhüttenstadt stellen dürfen,
bis dahin war Seifenblasenmachen angesagt. Es sei
denn, der Krieg wäre früher vorbei, und sie führen
nach Hause. Aber daran glaubte keiner.

Sattgegessen wagten unsere Syrer plötzlich doch
einen Ausflug. Vielleicht wollten sie andere Syrer besuchen. Auf jeden Fall saß die Familie mit allen Kindern vollständig angezogen an der Bushaltestelle. Zwei
Stunden lang. Die Haltestelle ist eigentlich ein Pro-
visorium, dort hält nur der Schulbus. Wir haben im
Dorf keine öffentlichen Verkehrsmittel. Der Bürger-

meister ging also zu den wartenden Syrern und klärte sie auf: Eine alte deutsche Volksweisheit besagt, wenn an einer Bushaltestelle zwei Stunden lang kein Bus vorbeikommt, dann kommt auch in den nächsten vier Stunden keiner. Die Syrer hörten sich den Text auf Arabisch-Jordanisch an, wurden nachdenklich, blieben jedoch trotzdem noch eine Weile an der Haltestelle sitzen. Keiner wusste, ob und was sie verstanden hatten. Die Neuankömmlinge hatten in vierzig Tagen nur ein deutsches Wort gelernt: »Hallo«.

Die Deutschen aus dem Verein »Sport und Kultur e.V.« waren währenddessen mit dem Arabischen viel weiter gekommen, was auch logisch war, denn sie waren diejenigen, die Fragen hatten. Die Deutschen sind bekannt für ihre Präzision, sie wollen am liebsten immer alles ganz genau wissen. Angeblich waren die Syrer gerade einmal elf Tage unterwegs gewesen, aber wie konnten sie zu Fuß eine solche Strecke von Syrien bis Eisenhüttenstadt hinter sich bringen? Besonders sportlich sahen sie nämlich nicht aus. Schon die zwei Kilometer bis zum Haus des Gastes zu überwinden, wo der Deutschunterricht stattfand, kostete sie große Mühe. Von den fünf Kilometern bis zum Netto ganz zu schweigen.

Nein, lachten die Syrer. Sie hätten den Weg nicht zu Fuß zurückgelegt, nur die ersten paar Kilometer bis zur türkischen Grenze. Ab da wollte jedes Land, das sie betraten, sie so schnell wie möglich wieder loswerden. Und so wurden sie auf Befehl der europäischen Regierungen immer weitertransportiert. Mit Bussen, Sammeltaxen und Lkws wurden sie so lange über die Balkanstaaten gefahren, bis sie in Eisenhüttenstadt ankamen und von dort in unser Dorf geschickt wurden.

Für längere Strecken taugten die Syrer nicht, darum also waren sie auch nicht zum Deutschunterricht erschienen: Die Tagungsräume einer Gaststätte in einem Nachbarort waren ihnen zu weitab gelegen. Den Syrern zuliebe wurde der Unterricht daher aus dem Gasthof in den Gemeinschaftsraum im Erdgeschoss ihrer Unterkunft verlegt. Sie mussten fortan das Haus nicht mehr verlassen, um zum Unterricht zu gelangen, sondern nur die Treppe herunterkommen, und schon lernten sie Deutsch.

Die Lehrerin, Marion, kam drei Mal die Woche pünktlich um 10.00 Uhr. Doch um die Zeit war noch keiner da. Um halb elf erschienen die Männer schließlich, unausgeschlafen und mürrisch. Ihre Frauen durften nicht am Unterricht teilnehmen, sie sollten zu Hause bleiben und auf die Kinder aufpassen.

»Bringt eure Kinder doch mit zum Unterricht«, riet Marion, »das kann doch niemandem schaden.«

Nein, die Männer waren hartnäckig, sie wollten

nicht, dass ihre Frauen in der Öffentlichkeit erschienen. Sie wollten nicht, dass ihre Kinder lernten und in den Kindergarten gingen, und ihre Frauen schienen damit einverstanden zu sein. Eine der Frauen, eine Mutter von vier Kindern, die uns als Witwe des verstorbenen Bruders eines anwesenden Mannes vorgestellt worden war, sagte, ihr Mann würde ihr nicht erlauben, das jüngste Kind in den Kindergarten zu schicken, und ohne seine Erlaubnis könne sie nichts machen. Wir erschraken. Wir dachten zuerst, ihr Mann sei ihr im Traum erschienen und hätte sich gegen den Kindergartenbesuch ausgesprochen. Das hätte man unter »posttraumatische Manneserscheinung« verbuchen können. Es stellte sich aber heraus, dass ihr Mann gar nicht gestorben war, sondern in einem Flüchtlingsheim in Winterbach wohnte, fünfzig Kilometer südlich von uns. Dort hielt er sich allerdings nicht ganz legal auf, weil er eigentlich in einer Flüchtlingsunterkunft in Stuttgart gemeldet war.

Der vermeintlich Verstorbene stand zu dem anwesenden Mann in verwandtschaftlicher Beziehung, er war dessen Cousin zweiten Grades. Überhaupt waren die syrischen Familienverhältnisse schwer zu verstehen. Familien heirateten einander verschachtelt quer im Diagonalen und das oft gleich mehrmals, nach dem Motto: »Wenn dein Bruder meine Schwester heiratet, sollst du seine Schwester heiraten, damit ihr Bruder die Schwester deines Bruders heiraten kann.« Als Ergebnis dieser traditionellen Familienpolitik schienen hier alle mit allen verheiratet zu sein.

Wir gratulierten der Witwe zur wundersamen Wiederauferstehung ihres Mannes, fragten sie aber, warum ihr Mann nicht bei ihr und den Kindern wohne, und wieso er dagegen sei, dass sein Kind den Kindergarten besuche. Wir bekamen keine Antwort auf diese Frage. Konnte es sein, dass der auferstandene Mann nur Teile seiner Familie bei uns untergebracht hatte und noch eine Zweitfrau in Sommerfeld und eine Drittfrau in Stuttgart hatte? Es schien, als würden die Syrer ihre ganze Kraft und Lebensenergie der Familienplanung opfern, zum Arbeiten oder Lernen blieb nichts übrig.

Eines Abends saßen wir mit meinem siebzehnjährigen Sohn Sebastian und einem Nachbarn beim Biertrinken und redeten über die Syrer. Mein Nachbar hatte krasse kulturelle Unterschiede zwischen Einheimischen und Zugezogenen bei der Familienplanung festgestellt.

»Ich bin seit 42 Jahren mit ein und derselben Person, also mit meiner Frau, verheiratet«, sagte er. »Und bin heilfroh darüber, dass sie ein und dieselbe Person geblieben ist. Es wäre für mich ein Albtraum, noch eine in Stuttgart und eine in Sommerfeld zu haben.

Dann wäre ich nur noch auf Achse und käme nicht mehr zur Ruhe.«

Ich meinte nur, er sollte nicht so schnell verallgemeinern.

»Dabei verbieten sie ihren Frauen, in der Öffentlichkeit zu erscheinen. Sie wickeln sie auch noch ein, damit alle gleich aussehen und nicht voneinander zu unterscheiden sind. Warum tun sie das eigentlich?«, ließ der Nachbar nicht locker.

Mein Sohn stimmte ihm zu. Er war gerade von einer Klassenfahrt aus Ägypten zurückgekehrt. Die Klasse, von ihrem Lateinlehrer geführt, hatte dort ein anstrengendes Programm absolviert. Für jeden Tag war etwas geplant gewesen. Unter anderem hatten sie eine Moschee besucht, wo sie von einem alten Mann mit weißgrauem Haar in passablem Englisch darüber aufgeklärt wurden, warum Moslems ihre Frauen verhüllten. Die Kinder hörten aufmerksam zu, denn der graue Bart des Mannes war sehr lang und versprach Weisheit.

»Eine Frau ist wie ein Lolli«, sagte der weise Mann und zuckte mit der Zunge. »Würdest du deinen Lolli einfach so auf die Erde schmeißen, damit die Ameisen ihn ablecken? Natürlich nicht. Du würdest deinen Lolli nehmen und einwickeln, damit er länger hält. So machen wir es mit unseren Frauen. Wir schützen sie vor dem Schmutz«, meinte er.

Die deutschen Schüler fanden seine Erklärung ziemlich widerlich, sagten aber nichts dazu. Nur mein Sohn wollte streiten.

»Okay«, sagte mein Sohn. »Die Story ist eine Metapher, der Lolli ist die Frau. Es ist zwar eklig, einen Menschen mit einem Bonbon zu vergleichen, aber lass uns diesen Vergleich als orientalische Floskel akzeptieren. Dennoch bleibt noch immer die Frage: Wer sind die Ameisen, die eure Frauen ablecken?«

Der Alte stand aber für Diskussionen nicht zur Verfügung. Er konnte diese Lolli-Geschichte anscheinend auf Englisch nur erzählen, darüber reflektieren konnte er nicht. Auf nichts ist in dieser Welt Verlass. Auch lange Bärte bergen nicht immer große Weisheiten.

Das syreralistische Komitee
zur Rettung der Welt

Langsam hatten sich alle im Dorf an die Syrer ge-
wöhnt, und es kehrte eine gewisse Routine ein. So
spielten die jungen Cousins jeden Abend Fußball auf
dem Spielplatz hinterm Getreidesilo. Sie spielten sogar noch in der Dunkelheit, wenn der Ball kaum noch
zu erkennen war. Der kleinste Cousin stand in einer
lilafarbenen Lederjacke im Tor und leuchtete ab und
zu mit der Taschenlampe aufs Feld. Und obwohl eine
der syrischen Frauen gar nicht aus dem Haus ging,
besuchte die andere zwei Mal pro Woche den Frauen-
sport im Haus des Gastes. Sie kam in Jeans und in ein
Tuch gewickelt zum Training, machte aber alle Übun-
gen mit. Inzwischen hatten die Familienoberhäupter
ein Fahrrad mit großen Hängetaschen vom Ortsvorsteher geschenkt bekommen und fuhren damit ab-
wechselnd zwei Mal am Tag einkaufen.

Im Deutschunterricht erzählten die jungen Syrer,
obwohl es ihnen in Brandenburg gut gefiele, wollten

sie unbedingt wieder zurück nach Syrien. Sie zählten die Tage und warteten, bis der Krieg in ihrer Heimat vorbei war. Wenn dort nicht mehr geschossen und gebombt werde, würden sie sich sofort auf den Weg machen. Die Deutschlehrerin gab den Inhalt dieses Gespräches weiter, und die Heimatliebe der Syrer stieß bei den Brandenburgern auf großes Verständnis und sorgte sofort für gesteigerte Toleranz im Dorf. Sogar der Vorsitzende der freiwilligen Feuerwehr, der den ganzen Winter bei jeder Gelegenheit über die Ausländer geschimpft hatte, schaute bei den Syrern vorbei und brachte eine Kiste Kinderspielzeug. Die Syrer sagten danke. Sie hatten innerhalb eines Monats eine Menge Geschenke bekommen. Jeder, der vorbeikam, spielte Weihnachtsmann. Inzwischen wussten die Syrer schon nicht mehr, wohin mit dem ganzen Zeug. Sie besaßen unter anderem zwei kaputte Geschirrspülmaschinen, ein gigantisches Dartspiel mit nur einem Pfeil, einen Staubsauger ohne Beutel und einen Kinderbillardtisch. Es sah fast danach aus, als würden die Einheimischen ihre Keller auf Kosten der Flüchtlinge entrümpeln.

Um die Unterstützung der Gäste in ordentliche Bahnen zu leiten, beschloss unser Ortsvorsteher, ein Hilfskomitee zu gründen, dem alle, die helfen wollten, beitreten konnten. Die Neugründung bekam den Namen »Das syreralistische Hilfskomitee zur Rettung der Welt«. Aufgaben wurden verteilt:

Der Ortsvorsteher war für die Beschaffung und Verteilung der humanitären Güter und für Notfalltransporte zuständig, er hatte nämlich das größte Auto im Dorf, einen Siebensitzer. Die Deutschlehrerin war für die Kommunikation mit den Hilfsbedürftigen und für die Organisation des Unterrichts zuständig. Sie musste auch nicht mehr allein unterrichten, denn jeder Rentner wollte den Syrern irgendetwas Wichtiges beibringen. Die Flüchtlinge lernten allerdings schlecht. Ihre Lehrerin kam oft in Rage, verlor die Geduld und nutzte die Syrer schließlich als Versuchskaninchen, um neue unkonventionelle Erziehungs- und Lehrkonzepte an ihnen zu testen. So beklebte sie die Syrer zum Beispiel mit kleinen gelben Zetteln. Auf die Jacke klebte sie einen Zettel, auf dem »Jacke« stand, auf dem Zettel an der Hose stand »Hose«, auf dem am Rücken »Rücken«, daneben die jeweilige arabische Übersetzung. Die Syrer durften die Zettel im Unterricht nicht abmachen, sie sahen aus wie Anzeigenbretter. Die Lehrerin empfahl ihnen, die Zettel immer zu tragen, auf diese Weise würden sie schneller Deutsch lernen. Wenn der Krieg vorbei wäre und sie zurück nach Syrien führen, könnten sie die Zettel selbstverständlich abmachen. Doch die Syrer wollten die Zettel außerhalb des Unterrichts nicht tragen, nur der Torwart in der lilafarbenen Lederjacke hatte sich aus Spaß den Zettel »Rücken« auf die Stirn geklebt.

Während die Syrer Fußball spielten, kamen die Mitglieder des syreralistischen Komitees fast jeden Abend im Haus des Gastes zusammen, tranken Bier und schauten Nachrichten. Die Friedensgespräche zum Syrienkrieg in Genf stockten, die Runde wurde immer größer. Jede Woche stellten die westlichen Gastgeber neue Stühle an den Verhandlungstisch, denn immer neue Kriegsparteien wollten mitverhandeln. Der Westen fragte seine Verhandlungspartner, ob sie »gemäßigte Rebellen« oder »Terroristen« seien, denn mit »Terroristen« wolle der Westen nicht verhandeln. Die meisten Kriegsparteien wussten jedoch selbst nicht so recht, wie gemäßigt sie waren. Manche radikalen Gruppen vertraten liberale politische Ansichten, und oft zeigten sich religiöse Fanatiker in Wirtschaftsfragen pragmatisch und klug. Hundert Blumen schienen hier zur gleichen Zeit in einem engen Topf zu wachsen, und alle hassten einander wie die Pest.

Der Westen schien jegliche Orientierung auf diesem orientalischen Bazar der Begehrlichkeiten zu verlieren. Die Russen dagegen hielten stur alle Kriegsparteien für Terroristen und schlugen vor, der Einfachheit halber erst einmal alles plattzubomben und dann zu schauen, was übrig blieb.

Ein Ende des Krieges war nicht abzusehen, auf Genf war kein Verlass. In Eisenhüttenstadt wurden bereits die Termine für die Asylantragstellung im nächsten Jahr verteilt – ungefähr so: »Kommen Sie in einem Jahr um 10.00 Uhr früh.«

Nach drei Monaten durfte endlich eine der syrischen Familien aus unserem Dorf um 10.00 Uhr früh in Eisenhüttenstadt vorsprechen. Für die Syrer würde sich dadurch nicht viel ändern, erklärte mir der Ortsvorsteher, der inzwischen eine Doktorarbeit über politisches Asyl in Deutschland hätte schreiben können. Statt eines großen weißen Blattes bekämen sie ein kleines grünes, aber Ordnung müsse sein. Das weiße Blatt sei durch mehrfaches Zusammenfalten unansehnlich geworden und kaputtgegangen, es würde langsam Zeit, dass die Syrer ein neues Dokument bekämen, meinte er.

Der Ortsvorsteher brachte die Syrer persönlich nach Eisenhüttenstadt, denn niemand außer ihm hatte einen Siebensitzer. Sie fuhren um 7.00 Uhr morgens los, um den Termin nicht zu verpassen: fünf Cousins, die junge Frau mit Kleinkind und der Ortsvorsteher. Um halb zehn waren sie bereits vor Ort, wurden jedoch erst um 17.00 Uhr aufgerufen. In einem kleinen Zimmerchen mit grünen Wänden trafen die völlig zermürbten Syrer auf ähnlich zerbröselte Beamte, die aussahen, als hätten sie gerade eben auf der Toilette lange und schwungvoll gekotzt. Das ganze Theater dauerte nicht einmal fünf Minuten.

»Warum haben Sie Ihr Land verlassen? Hatten Sie Angst vor dem Krieg? Ja? Gut, reicht. Der Nächste bitte.«

Im Laufe dieses kurzen Gesprächs stellte sich überraschend heraus, dass einer der fünf Cousins gar keine verwandtschaftlichen Beziehungen zu den anderen hatte. Der Junge in der lilafarbenen Jacke war aus einer anderen Stadt geflüchtet und hatte die anderen erst in Deutschland auf dem Weg nach Brandenburg kennengelernt. Die anderen konnten auch nicht erklären, wo sie ihn herhatten. Sie erzählten unglaubwürdige Geschichten: Sie hätten Fußball gespielt, und auf einmal hätte er im Tor gestanden. Der Junge war erst siebzehn Jahre alt. Er müsste allein in ein Heim, es sei denn, einer der anwesenden Syrer würde die Vormundschaft für ihn übernehmen, schlug der Beamte als Lösung vor.

Doch keiner der anderen Cousins wollte des kleinen Torwarts Vormund sein, sie zeigten sich extrem unsolidarisch und feige. Sie hätten nichts dagegen, mit dem jungen Mann weiter Fußball zu spielen, auch nicht, dass er bei ihnen wohnte, erklärten sie. Sie seien aber nicht bereit, irgendeine Verantwortung für eine andere Person zu übernehmen. Sie hätten genug eigene Probleme. Unser Dorfvorsteher, der bei diesem Gespräch dabei war, überlegte, für sich selbst unerwartet, die Vormundschaft für den Jungen zu übernehmen. Der Torwart würde sowieso in drei Monaten achtzehn werden, insofern könne er in der kurzen Zeit nicht viel falsch machen, dachte der Ortsvorsteher. Und bis dahin sei ja vielleicht auch der Krieg vorbei.

Hölderlin und Hoffmann

Die halbe Welt scheint zurzeit auf der Flucht zu sein, die andere Hälfte bereitet sich langsam darauf vor. Von der aktuellen Flüchtlingswelle nach Europa waren, nach allem, was ich aus meiner alten Heimat hörte, vor allem Russen betroffen, obwohl die in Russland niemanden aufzunehmen brauchten. Doch sie machten sich große Sorgen um Europa. Die Medienberichte überboten sich mit Unkenrufen: Europa geht unter, Europa wird von Horden überrannt, Europa löst sich auf! Unter jedem Bild zur Gastfreundschaft und Hilfsbereitschaft der Europäer las ich verzweifelte russische Kommentare: Wie unverantwortlich, leichtsinnig und dumm, alle Fenster und Türen seines sauber geputzten Hauses zu öffnen und für wen? Für schwarze, ungebildete Moslems. Armes Europa, schrieben sie.

Doch mich konnten diese Kommentare nicht täuschen. Es ging ihnen gar nicht um Europa. Zwischen den Zeilen sah ich die Angst der weißen gebildeten Christen meiner Heimat, dass ihre künftigen Plätze in den Ausländerheimen und Flüchtlingsunterkünften gerade vor ihren Augen besetzt wurden. Ob die Europäer noch dieselbe Hilfsbereitschaft zeigen würden, wenn die Russen sich auf den Weg machten? Auch sie kamen doch auf Dauer mit ihrem Regime nicht klar. Es wirkt vielleicht staatssichernd, ist aber bürgervernichtend.

Wir als Familie haben keine Angst vor Fluchtwellen – wir sind selbst eine, oder zwei oder sogar drei. Jeder von uns war schon einmal Flüchtling. Meine Mutter musste 1941 zusammen mit ihrer Mutter ihre Heimatstadt Moskau verlassen. Die Deutschen standen schon kurz vor der Stadt, und die Moskauer wussten, dass die Deutschen alle Juden umbringen würden. Sie wurden deswegen evakuiert. Mein Großvater kämpfte an der Front, als seine Familie in einen Zug gesetzt und nach Mittelasien gefahren wurde. In Samarkand stiegen sie aus und konnten sich in einer Barackensiedlung in der Nähe der Stadt anmelden. Viele Usbeken fanden sich an der Meldestelle ein, um die Juden aus Moskau zu begrüßen. Sie baten meine Mutter, die damals noch ein Kind war, ihre Mütze abzunehmen, denn ihnen war erzählt worden, Juden würden kleine Hörner auf der Stirn tragen, und manche hätten sogar Hufe. Die fremden Ankömmlinge waren jedoch die reinste Enttäuschung. Sie hatten keine

Hörner und unterschieden sich auch sonst kaum von den Usbeken.

Meine Mutter sieht auf den wenigen Fotos von damals sehr usbekisch aus: Sie trägt usbekische Kleider und hatte sich sogar eine landestypische Frisur mit 25 Zöpfen zugelegt statt, wie in Moskau üblich, mit zweien. Das war eine Herausforderung sondergleichen, erzählte sie später, denn in einer usbekischen Schule konnten dich nicht nur zwei Jungs gleichzeitig an den Zöpfen ziehen, sondern 25. Rein theoretisch, versteht sich. Usbekistan ist ihr als warm und herzlich in Erinnerung geblieben, die Usbeken als gastfreundlich, wenn auch nicht ohne Knall. Sie hielten Skorpione für schlechte Gedanken verstorbener Menschen und glaubten, dass Insekten Teile von Pflanzen seien wie Früchte oder Blüten. Aber die alten Frauen backten in den Höfen papierdünne Teigfladen und gaben den Kindern immer gerne ein Stück davon ab. Ob es die eigenen oder fremde Kinder waren, machte keinen Unterschied.

Die Eltern meiner Frau sind 1991 aus Tschetschenien geflüchtet, als die Einheimischen sich mit den Russen einen Unabhängigkeitskrieg lieferten und die Stadt wochenlang aus der Luft bombardiert wurde. In der tschetschenischen Hauptstadt Grosny lebten sehr viele Russen. Ihre Vorfahren waren vor Jahrhunderten als staatstreue Unterstützer der russischen Monarchie mit Zucker und Peitsche in den Kaukasus getrieben worden. Nach dem letzten Weltkrieg verbannte Stalin die Tschetschenen nach Sibirien und Kasachstan. Erst nach Stalins Tod durften sie nach und nach zurückkommen. Mit dem Fall der Sowjetunion gerieten die dort heimischen Russen zwischen die Fronten. Ihre ehemaligen Nachbarn wurden plötzlich zu Blutsfeinden, und der Staat, der sie als Vorreiter in den Kaukasus geschickt hatte, war nicht bereit, sie aufzunehmen. In einer Nacht-und-Nebel-Aktion flüchteten die Eltern meiner Frau über die russisch-tschetschenische Grenze und siedelten sich auf einer verlassenen Rinderfarm an.

Zuerst lebten sie von der Hand in den Mund in einem Bauwagen. Die Einheimischen nahmen sie unterschiedlich auf. Die einen beschimpften sie als »verfluchte Tschetschenen«, die anderen brachten Kartoffeln und Gurken und zeigten ihnen, auf welcher Baustelle die besten Baumaterialien am leichtesten zu klauen waren. Der Nachtwächter eines Weinbergs hatte Verständnis für die Not der Menschen und ließ sie über den Zaun springen, um Weintrauben zu pflücken. Ein anderer auf demselben Weinberg erschoss sie jedoch fast. Es gibt eben überall so'ne und solche.

Ich hatte in Deutschland in der ersten Zeit nur zwei

dicke Freunde: Hölderlin und Hoffmann. Ich hatte mich 1990 als Flüchtling in Ostberlin beim Polizeipräsidium am Alexanderplatz gemeldet und um humanitäres Asyl gebeten. Wir waren dort 30, vielleicht 33, Männer und Frauen aus aller Welt, in einem Korridor eng zusammengepfercht. Ein schnurrbärtiger Polizist erklärte uns die Regeln.

»Ihr seid nun in Deutschland«, sagte er. »Hier wird alles ordentlich gemacht. Ihr zieht also eine Nummer, setzt euch hin und wartet, bis ich eure Nummer aufrufe. Dann klopft ihr an diese Tür.« Er zeigte uns die Tür seines Büros und verschwand dahinter. Wir warteten. Während wir warteten, sollten wir schon die ersten Formulare ausfüllen, die uns der Polizist vorsorglich gegeben hatte. Neben dem Namen und dem Geburtsjahr musste jeder Flüchtling aufschreiben, aus welchem Grund er in Deutschland bleiben wollte. Weder mein Kumpel Andrej noch ich hatten eine vernünftige Antwort auf diese Frage. Wir wollten eigentlich nur weg.

Ich schaute, was den anderen dazu einfiel. Ein älterer Mann neben mir schrieb, er sei ein großer Fan und Bewunderer der deutschen Poesie, Hölderlin und Hoffmann seien schon immer seine besten Freunde gewesen. Ich hatte keine originelle Idee für eine eigenständige Antwort auf diese knifflige Frage und schrieb den Satz von dem Mann ab. Andrej schrieb es von mir ab, dann gab es eine Kettenreaktion im Korridor. Vor unseren Augen entstanden jede Menge neuer Freundschaften mit deutschen Poeten.

Der ältere Mann wurde als Erster aufgerufen. Er verbrachte gut zwanzig Minuten hinter der verschlossenen Tür und kam strahlend mit einer Aufenthaltsgenehmigung und einer Einweisung ins Ausländerwohnheim wieder heraus.

»Es funktioniert«, freute sich mein Kumpel Andrej. »Es klappt mit den zwei Freunden! Aber was, wenn der Beamte mitkriegt, dass die uns gar nicht kennen?«

»Wer kennt wen nicht? Was meinst du?«, fragte ich ihn.

»Hölderlin und Hoffmann!«, sagte Andrej. Er war eben ein wilder unzivilisierter Mensch.

Später im Ausländerwohnheim machte ich gelegentlich Witze über ihn. Hölderlin und Hoffmann würden ihn bald besuchen kommen, um sich zu erkundigen, ob es ihm hier in Deutschland gefiele.

Unterschiedliche Leute kamen zu uns ins Heim, um uns bei der Integration in die neue Gesellschaft zu helfen. Die Zeugen Jehovas kamen und erklärten uns, dass wir nur in ihrem »Turm« sicher wären. Es kamen Versicherungsvertreter, um uns klarzumachen, dass ohne Haftpflichtversicherung kein organisches

Leben möglich war. Geschäftsleute kamen mit interessanten Jobangeboten, vor allem Bordellbesitzer aus Westberlin. Sie suchten nach neuen Unterhaltungsdamen ohne Sprachkenntnisse. Hölderlin und Hoffmann kamen nicht.

Das ist nun alles längst Vergangenheit, aber eine Zeit, an die ich mich immer wieder gerne erinnere. Als meine Kinder noch klein und laut waren, haben wir mit ihnen Polizeipräsidium gespielt.

»Ihr seid geflüchtet, jeder aus einem anderen Land«, sagte ich. »Hier in Deutschland wird alles ordentlich gemacht, also bekommt jeder eine Nummer, setzt sich im Korridor auf die Bank und wartet, bis ich die Nummer aufrufe. Danach klopft der Aufgerufene höflich an diese Tür und erzählt mir, was ihm an Deutschland so gefällt«, sagte ich, schloss die Tür zu meinem Arbeitszimmer und las weiter »An die jungen Dichter« – von Hölderlin, der übrigens auch ein Flüchtling war.

Das Leben ist Bewegung

Für Menschen, die durch die halbe Welt zu Fuß nach Deutschland gekommen sind, bewegten sich unsere Dorfsyrer nicht viel. Zwei kleine Kinder sollten jeden Tag mit dem Bus in die Stadt zum Kindergarten gefahren werden. Zuerst wollten die Syrer ihre Kinder nicht in den Kindergarten schicken, sie protestierten gegen diese Maßnahme mit dem Argument, die Kinder würden im Bus weinen. Das sei normal, beruhigte unser freiwilliger Syrerbetreuer Matthias sie: »Auch deutsche Kinder weinen im Bus, wenn sie zum ersten Mal in den Kindergarten fahren.« Die Syrer verschliefen aber den Bus, kamen zu spät und wunderten sich, dass kein zweiter Bus fuhr.

Überhaupt pflegten die Syrer einen sehr lockeren Umgang mit der Zeit. Anders als Deutsche, die einander ständig fragten, wie viel Uhr es sei, als hätten sie permanent Angst, irgendwo zu spät zu kommen, taten die Syrer so, als hätten sie alle Zeit der Welt. Wenn man mit ihnen auf ihren eigenen Wunsch hin einen

Termin ausmachte, um zum Einkaufen oder zum Arzt nach Neuruppin zu fahren, verschliefen sie entweder die verabredete Zeit, oder sie vergaßen, was sie ausgemacht hatten, oder sie hatten keine Lust. Nur einmal die Woche fuhren sie einkaufen. Der Supermarkt war noch immer halb voll, obwohl einige Einheimische ihn bereits für halb leer hielten.

Einmal waren die Syrer zum Arzt nach Neuruppin gefahren und danach alle krank geworden. Sie hatten auch davor schon Schmerzen und Beschwerden gehabt, doch ihre Krankheiten waren ihnen nicht bewusst gewesen. Nun hatten sie sie amtlich auf Papier. Und eine Krankheit, die einen Namen hat, schmerzt umso mehr. Eine der Frauen hatte Augenprobleme, eines der Kinder hatte irgendetwas mit den Zähnen, und das Familienoberhaupt hatte was am Knie.

Drei Mal in der Woche bekamen sie Deutschunterricht, wobei die pensionierte Lehrerin Marion die erste Lehrstunde mittlerweile von 10.00 Uhr auf 16.00 Uhr verschoben hatte. Davor waren die Syrer noch nicht wach genug. Wenn sie die Deutschlehrerin bloß von Weitem sahen, fielen ihnen schon die Augenlider zu, und manchmal schlief tatsächlich der eine oder andere während des Unterrichts ein.

»Könnte es sein«, fragte ich Matthias, »dass die Syrer, die in einer für sie ungewöhnlich kalten Umgebung gelandet sind, nun dazu neigen, in eine Art Winterschlaf zu fallen wie Bären oder Mäuse? Es wäre ja möglich, dass ihre Körper diese Kälte ab einer bestimmten Außentemperatur als gefährlich einschätzen und sie quasi unfreiwillig in einen Ruhezustand herunterfahren.«

»Nein«, meinte Matthias, »Menschen können nicht so lange schlafen. Sie benutzen das Fernsehen als Ersatz für den Winterschlaf.«

In der Tat hatte das Familienoberhaupt es trotz Schmerzen im Knie geschafft, auf das Dach zu klettern und die Schüssel auf einen Satelliten zu richten, der arabische Sender ausstrahlte. Er hatte nicht damit gerechnet, dass es eine Gemeinschafts-Satellitenschüssel war. Auf einmal bekamen die Nachbarn, eine deutsche Familie, nur arabisches Fernsehen zu sehen. Singende Kopftuchmädchen statt Dschungelcamp.

»Lernt Deutsch!«, schimpfte die Familie. »Wir haben nämlich nicht vor, Arabisch zu lernen!«

Die Schüssel wurde zurück zum Dschungelcamp gedreht.

»Auf unserem Satelliten läuft doch auch Arabisches, Al Dschasira oder Ähnliches«, meinte der Nachbar. »Reicht das etwa nicht?«

Es reichte nicht. Die Syrer wollten mehr arabisches Fernsehen, sie wollten Internetanschluss, und sie wollten arbeiten gehen. Deutsch lernen wollten sie dagegen nicht. Bei der Aufforderung, Deutsch zu lernen, machten sie die Augen zu und taten so, als würden sie auf der Stelle einschlafen.

Eine der beiden Familien sollte im folgenden Jahr am 2. Februar und die andere Familie am 12. April zur Anhörung ihres Asylantrags nach Eisenhüttenstadt kommen. Das Landratsamt war der Meinung, sie sollten mit dem Zug fahren. Das wäre doch eine machbare Aufgabe für sie: mit dem Bus in die Stadt mit dem Supermarkt zu fahren, von dort weiter mit dem Bus nach Neuruppin, von Neuruppin mit dem Zug nach Berlin und von Berlin nach Eisenhüttenstadt. Den Termin dort hatten sie um 10.00 Uhr morgens. Wenn man bedachte, wie langsam unsere Dorfsyrer waren, sollten sie am besten eine Woche vorher losfahren.

Die Ewigkeit hat uns immer im Blick

Ich gerate ständig in philosophische Diskussionen mit meiner Tochter. Einmal ging es um die Frage, woran man merken würde, dass man keinen Kopf mehr hat. Um das zu erkennen, bräuchte man schließlich sein Hirn – das aber samt dem Kopf weg wäre. Müsste es einem jemand sagen? Würde man es aus der Zeitung erfahren? Aber wie sollte man die ohne Kopf lesen? Mitten in dieser sinnlosen Diskussion rief mich Angelika an und erzählte, sie wolle bei sich in Berlin einen Syrer aufnehmen, bekomme aber keinen vom Amt genehmigt.

»Bist du verrückt geworden, oder willst du mit deinem Engagement deinem Land helfen?«, fragten wir.

»Ach, gar nicht«, meinte sie, sie tue es bloß aus Langeweile. Ihre Tochter spiele auf voll erwachsen, und sie habe keine Lust auf ein mütterliches Erziehungsprogramm. Ihr Mann war als vielbeschäftigter Rechtsanwalt ständig unterwegs. Also beschloss Angelika, einen Flüchtling aufzunehmen, ein junges Leben zu retten. Sie meldete sich bei der Stadtverwaltung und sagte, sie habe ein Zimmer frei und wünsche sich einen jungen Syrer. Bei der Stadtverwaltung war sie nicht die Erste, die mit solchen Wünschen ankam. Sie hatten dort anscheinend schon eine ganze Wunschliste vorliegen und daher eine spezielle Abteilung zur planmäßigen Syrer-Vergabe eingerichtet.

»Gut«, sagte die Sachbearbeiterin, »ich schreibe Ihre Adresse auf, aber wenn Sie denken, Sie können sich Ihren Syrer selbst aussuchen, dann irren Sie sich. Ich kann Ihnen ein älteres Ehepaar empfehlen, das haben wir unter Umständen sogar schnell gefunden. Sie haben doch eine Tochter in der Pubertät, Sie haben einen Mann, und dazu wollen Sie einen geschlechtsreifen Syrer aufnehmen, der in einer anderen Kultur aufgewachsen ist? Ich möchte Sie auf die kulturellen Unterschiede hinweisen. Sie wissen doch gar nicht, wie unbefangen diese Flüchtlinge sich benehmen. Sie sind von weit her gekommen, sie haben nicht die geringste Ahnung, wie das Zwischenmenschliche hierzulande organisiert ist.«

Angelika erwiderte, das sei in Ordnung: »Wir werden ihm schon beibringen, wie ein Zusammenleben funktioniert. Machen Sie sich keine Sorgen.«

Die Beamtin schüttelte nur den Kopf und gab ihr einen Termin. Sie solle sich in zwei Monaten wieder melden. Solange der offizielle Status nicht geklärt sei, könne man keine Syrer einfach so in private Hände abgeben. »Aber ich bewundere Ihren Mut«, fügte sie hinzu.

Ich bewunderte Angelikas Mut ebenfalls. Gerade hatte ich ein russisches Buch über das Zusammenleben gelesen, es war eine Art Science-Fiction-Erzählung: »Das Leben mit einem Idioten«. Es ging um die nahe Zukunft, in der viele Menschen lustige Macken entwickelt hatten. Der Staat konnte für so viele psychisch Kranke nicht mehr Sorge tragen und bat die Bürger um Hilfe. Wer einen Idioten bei sich aufnahm, bekam eine Steuervergünstigung oder Ähnliches. Allerdings durften die Menschen im Buch sich ihren Idioten selbst wählen. Ein kinderloses Paar fuhr ins Heim und holte sich einen furchtbar netten älteren Herrn mit Glatze und Sinn für Humor, der über nichts anderes als soziale Gerechtigkeit, totale Befreiung und Weltrevolution sprach. Er hielt sich für Lenin, den Anführer des Proletariats.

Was für ein netter Kerl, und mit seiner kleinen Macke werden wir schon fertig, dachte das Paar und nahm Lenin mit nach Hause. In seiner charismatischen Unbefangenheit gewann der Idiot nach und nach ihre Sympathie, und irgendwann wurde er zum Boss. Er nahm sich die Frau und später auch den Mann, und zusammen zerhackten sie die Möbel, befreiten sich von Kleidung, sangen revolutionäre Lieder und schliefen nackt auf dem Teppich.

Das Buch habe ich Angelika nicht zum Lesen gegeben, ich fragte sie nur, ob sie es sich, wenn der Termin näher rückt, vielleicht doch noch anders überlegen würde. »Niemals!«, bekam ich zur Antwort.

Nicht einmal eine Woche war vergangen, da hatte Angelika ihre Meinung schon geändert. Auf einmal wollte sie keinen Syrer mehr aufnehmen. »Hast du gesehen, was sie in Köln angestellt haben?«, fragte sie wütend.

Plötzlich herrschte große Verwirrung in den Medien und in den Köpfen der Leute. Viele änderten innerhalb eines Tages mehrmals ihre Meinung. Sollten sie streng oder nachsichtig sein? Wer war hier überhaupt Gast und wer der Gastgeber?

Diese Geschichte ist so alt wie die Menschheit selbst. Ich denke, die ersten Menschen wurden nicht im Garten Eden erschaffen. Von irgendwo, aus einer schwarzen Ewigkeit, kamen sie dorthin und klopften an das Tor zum Paradies. Vielleicht stand das Tor auch offen, weil Gott sich gerade in Toleranz übte und eine paradiesische Union ohne Grenzen schaffen wollte. Er nahm die Menschen auf und erklärte ihnen die Regeln.

»Ihr seid jetzt im Paradies«, sagte Gott. »Hier wird alles ordentlich gemacht. Ihr dürft auch nicht einfach alle Früchte essen, die im Paradies an den Bäumen hängen.«

»Warum nicht?«, fragten sich die Neuankömmlinge. Sie missachteten die Gartenordnung und wurden aus dem Paradies geworfen – in die Nähe von Syrien wahrscheinlich. Von dort gingen sie weiter, teilten sich, besuchten einander, vertrieben einander, schoben einander ab. Nun schließt sich der Kreis.

Es ist bitter, aber wahr. Wir sind alle Syrer, das Tor zum Paradies ist zu, und die schwarze Ewigkeit, aus der wir einmal kamen, behält uns immer im Auge. Sie hat nämlich, wie wir, zwei Augen: ein böses und ein gutes. Wenn sie mit dem bösen Auge auf die Menschen schaut, sieht sie nur Angst und Gedärme. Unter dem bösen Blick beginnt die Angst in den Menschen zu wachsen, sie drückt aufs Gedärm, alle haben die Hosen voll und wollen einander abschieben. Wenn das gute Auge auf uns blickt, sieht es nur Zuneigung und große Herzen. Unter dem guten Blick entflammt die Liebe mit neuer Kraft. Sie erwärmt die Herzen der Menschen, und diese beginnen, sich um ihre Nächsten zu kümmern, den Schwachen zu helfen und die Bedürftigen zu unterstützen.

Es ist nach wie vor ziemlich staubig im Universum,

und manchmal fliegen der Ewigkeit irgendwelche kosmischen Fussel ins Gesicht. Dann niest sie und zwinkert kurz mit beiden Augen gleichzeitig. Dann drehen die Menschen durch.

Rhabarber-Syrer

Ich habe, wie gesagt, vor 28 Jahren meine Heimat, die
Sowjetunion, verlassen und bin als jüdischer Flüchtling
in Deutschland aufgenommen worden. Damals bin ich
mit dem Wunsch nach Europa gekommen, die große
weite Welt persönlich kennenzulernen. In unserem sozialistischen Vaterland war nämlich nicht viel von der
Welt zu sehen gewesen. Im Schwarz-Weiß-Fernsehen
meines Vaters wurde hauptsächlich über inländische
Angelegenheiten berichtet – über die Weizenernte und
die Erfolge der sowjetischen Mannschaft im Eishockey beispielsweise. In jedem Nachrichtenprogramm
konnte man außerdem die sowjetischen Kosmonauten
sehen. In Gummischläuche gewickelt schwebten sie in
der Schwerelosigkeit des Weltalls und winkten uns aus
dem Fernseher zu.

Diese sowjetischen Nachrichten vermittelten das
traurige Gefühl, wir wären allein auf der Erde, um uns
herum nur unser sozialistisches Vaterland und das endlose Weltall, eine schwarze Wüste, die, wenn überhaupt,

nur von unseren Kosmonauten bevölkert war. Nachrichten aus dem Ausland, aus Amerika und Europa, kamen selten. Am Wochenende wurde vor dem Eishockey eine halbstündige Sendung, »Das internationale Panorama«, ausgestrahlt. Der Moderator dieser Sendung, ein Politologe, der im Auftrag der sowjetischen Regierung unermüdlich die Welt bereiste, um uns kurz und knapp über den Zustand des Planeten am Wochenende zu berichten, war sehr dick. Er passte kaum auf den Bildschirm, und die Bilder des Auslands hinter ihm waren nur unscharf und verschwommen zu sehen.

Wir waren von der Welt draußen abgeschnitten. Aber nicht ganz. Über geheime Kanäle kamen Bücher und Schallplatten, Literatur und Musik aus Amerika und Europa zu uns ins Land, die uns faszinierten. Das alles war frech, launisch, frei, egozentrisch und unglaublich naiv. Während unsere sozialistische Literatur immer einem hohen Ziel folgte und einen erzieherischen Auftrag zu erfüllen hatte, erschien uns die westliche Literatur wie aus purem Spaß geschrieben. In meiner Heimat war die Schriftstellerei neben der Kosmonautik eine verantwortungsvolle Staatsaufgabe. Sowjetische Literatur wurde hauptsächlich planwirtschaftlich produziert: Jeder Diplomschriftsteller sollte am Ende des Jahres einen Roman abliefern, der seine Leser zu besseren Menschen erzog. Denn mit herkömmlichen Menschen war der Kommunismus nicht zu machen. Sowjetische Literatur und Kunst unter der Führung der Partei sollten die Entstehung besserer Menschen forcieren. Sie waren sehr langweilig.

Die russische Klassik hatte ihr gegenüber große Vorteile. Aus Romanen von Tolstoi und Theaterstücken von Tschechow konnte ich zum ersten Mal erfahren, dass Weißweine sich geschmacklich voneinander unterschieden und manche von ihnen zu Austern passten, andere dagegen nicht. Die russische Klassik beschrieb ein anderes Russland, bevölkert von leidenschaftlichen, temperamentvollen Frauen und Männern, die unter der Ungerechtigkeit ihrer Gesellschaft und dem archaischen Regime litten und begeistert an der Zukunft arbeiteten. Sie hatten damals ja nicht ahnen können, was kommen würde. Die Klassik beschrieb vergangene Zeiten, eine Welt, die mit unserer Realität nichts mehr zu tun hatte.

Die Literatur des Westens lockte uns dagegen unwahrscheinlich. Sie wollte uns nicht erziehen, keine besseren Menschen aus uns machen, sie wollte nur spielen. Sie machte uns Hoffnung, dass es zwischen den rot angestrichenen Grenzen unserer sozialistischen Heimat und dem schwarzen Weltall noch eine lustige Welt gab, bevölkert von Figuren aus Salingers

Romanen und Becketts Theaterstücken. Eine Welt, in der David Bowie und Brian Eno Musik machten. Da wollten wir hin. Literatur und Musik waren die Köder, die uns aus der Heimat herauslockten und auf die Reise schickten.

Draußen wartete dann jedoch eine völlig fremde Welt auf uns. Eine spießige, kleinbürgerliche Welt, die Angst vor Fremden hatte und keine Lust auf Abenteuer. Sie war bei Weitem nicht so spannend und interessant wie in den Büchern, die wir gelesen hatten. Wir sind aber trotzdem geblieben.

Später bin ich in Deutschland selbst Teil der dortigen Literatur geworden. Und inzwischen werden meine Bücher sogar als Köder, das heißt als Lehrmaterial, benutzt, um Neuankömmlingen Deutsch beizubringen und sie in das europäische Leben zu integrieren. Ich konnte es kaum glauben, aber Syrer und Iraker lernten tatsächlich mit meinen Büchern Deutsch. Besonders populär als Lehrlektüre ist das deutscheste, das ich bisher geschrieben habe: ein Buch mit dem Titel »Mein Leben im Schrebergarten«. Ich hatte tatsächlich vor vielen Jahren einen Schrebergarten in Berlin gepachtet und in der Gartenkolonie viele interessante Menschen kennengelernt, nicht zuletzt die Gartenprüfungskommission, die mich besuchte, um mir zu erzählen, was ich zu tun hätte. Ich sollte beispielsweise

Rhabarber ernten, um wichtige »Punkte« bei der Auswertung der Parzelle zu bekommen. Ich wollte alles richtig und deutsch machen, habe also Rhabarber geerntet und Punkte bekommen – aber leider zu wenige. Also musste ich den Garten nach einem Jahr wieder abgeben, auch wegen angeblicher Probleme mit der spontanen Vegetation bei uns, dem Unkraut. Das Buch, das ich darüber schrieb, sorgte für Heiterkeit. Ich hätte die deutsche Wirklichkeit auf die Schippe genommen, aber sicher übertrieben, denn in der Realität könne das alles nicht so schlimm gewesen sein, schrieben die Zeitungen in ihren Kritiken.

Nur Deutsche und Russen unterscheiden zwischen »Realität« und »Wirklichkeit«. Bei Engländern oder Franzosen wird beides mit demselben Wort bezeichnet. Die Deutschen wie die Russen wissen aber, dass die Wirklichkeit größer und vielschichtiger ist als jede Realität – unsere Träume und Sehnsüchte gehören dazu, unsere Hoffnungen und Ängste. Beide, Deutsche und Russen, schauen dem Chaos direkt ins Auge. Die einen wollen es in Ordnung verwandeln, alle realen und potenziellen Asylbewerber zusammenzählen, Obergrenzen für Leid und Not gesetzlich festlegen und die Flüchtlingswellen in einer abgestimmten Reihenfolge hintereinander aufstellen. Die Russen sehen dagegen im Chaos die Ausrede für alles, was schiefgelaufen ist. Sie suchen darin Vergebung für bereits geschehene und noch nicht begangene Sünden.

Aber zurück zum Rhabarber. Nach der Veröffentlichung meines Schrebergartenromans, in dem ich mich abwertend über Rhabarber geäußert hatte, bekam ich unglaublich viele Postsendungen aus ganz Deutschland. Die Menschen schickten mir ihre hausgemachte Rhabarberkonfitüre und Rhabarberschnäpse. Ich habe alle Gläser in den Keller getragen. Nun kam plötzlich ein neues Rhabarber-Geschenk – aus einer Sprachschule für junge Flüchtlinge am Wittenbergplatz in Westberlin, zusammen mit der Einladung, die Schule zu besuchen. Die Lehrerin mit einem Doppelnamen berichtete mir von ihrer Klasse, bestehend aus neun jungen Männern: sieben Syrer, ein Iraker und ein Russe, den Putin nicht überzeugt hatte. Sie alle lernten mit meinem Schrebergartenbuch seit neun Monaten Deutsch. Schon in zwei Wochen sollten sie ihre Prüfung ablegen, danach winkte ihnen ein großes Nichts. Nur ein Syrer hatte eine Lehrstelle als Altenpfleger in Aussicht. In Syrien hatte er vor dem Krieg Philosophie studiert, das passte also. Ein anderer hätte als Heizungstechniker anfangen können, aber seine Papiere waren noch nicht anerkannt. Das konnte Monate, wenn nicht Jahre dauern, und bis dahin war die Stelle sicher weg.

Die Lehrerin bat mich zu kommen, um den jungen Menschen Mut zu machen. Denn was könnte für verzweifelte junge Flüchtlinge schöner sein, als einen alten, aber gut erhaltenen Flüchtling kennenzulernen, der noch dazu als deutscher Schriftsteller tätig sei, meinte sie in ihrem Brief, der zusammen mit einem Glas Rhabarberkonfitüre bei mir ankam. Die Syrer hatten sie zusammen mit der Lehrerin für mich gekocht.

Eine solche Einladung konnte ich natürlich nicht ablehnen. Ich fuhr zum Wittenbergplatz, besuchte die Klasse und erzählte von meiner eigenen Flucht, die unspektakulär und viel weniger gefährlich gewesen war als ihre. Die Literatur hat uns damals gelockt, die Bücher und die Musik. Wir sind mit dem Zug aus Moskau losgefahren, haben zwei Wochen in einer Unterkunft des Deutschen Roten Kreuzes in Ostberlin verbracht und bekamen dann als geflohene Juden aus der Sowjetunion humanitäres Asyl in Deutschland. Wir konnten kein Deutsch, wollten aber als Fremde nicht auffallen. Ich hatte in der S-Bahn gesehen, dass viele Deutsche mit einer Bierflasche in der Hand reisten. Also kaufte ich mir gleich am ersten Tag für die letzten zwei D-Mark, die ich hatte, ein Bier, ein Flensburger Pils. Ich mochte kein Bier, bin aber mit der Flasche in der Hand eine Woche lang herumgefahren, und immer, wenn mich die Menschen komisch anschauten, nahm ich einen großen Schluck. Damit wollte ich sagen: Seht ihr, ich bin einer von euch! Mehrmals füllte ich die Flasche nach, mal mit Apfelsaft, mal mit Cola.

In der Integrationsklasse fragte ich die Rhabarber-Syrer, was sie sich als Erstes gekauft hatten. Eine SIM-Karte, eine Curry-Wurst, gaben sie zur Antwort. »Ich habe mir eine Zeitung gekauft«, sagte der Syrer, der Philosophie in der Heimat studiert hatte. Wenn er merkte, dass die Menschen ihn irgendwie schräg anguckten, schlug er seine dicke deutsche Zeitung auf. Damit wollte er ein Zeichen geben: Ich bin deutsch, ich bin einer von euch! Das hat eine Weile gut funktioniert, aber irgendwann war die Zeitung so alt und zerfleddert, dass die Menschen ihn komisch ansahen, wenn er sie aufschlug. Da musste er sie wegwerfen. Ich habe ihm versprochen, darüber zu schreiben.

Es scheint, als hätte die Literatur heute tatsächlich eine Erkenntnis zu vermitteln, eine Botschaft, die aufgeschrieben und gelernt sein will. Sie lautet: Wir sitzen alle im gleichen Rettungsboot. Wir sind alle einer von euch.

LaGeSo

Unsere Freundin Katja hat kein leichtes Leben. Als alleinerziehende Mutter mit zwei Kindern – ihre Tochter ist elf, ihr Sohn neun Jahre alt – und einem Vollzeitjob hat sie kaum Zeit, um Nachrichten zu lesen und über die Probleme der Welt nachzugrübeln. Sie hat genug eigene Probleme, und jede Woche kommen neue dazu. Einmal wurden ihre beiden Kinder von der Schule nach Hause geschickt, sie durften nicht mehr am Unterricht teilnehmen.

»Ihre Kinder haben Läuse«, sagte die Klassenlehrerin, die gleichzeitig die Biologielehrerin der Tochter war, am Telefon. »Sie müssen nicht in Panik geraten, in letzter Zeit passiert das bei uns in der Schule immer wieder. Ihre Kinder«, sagte die Biologielehrerin zu Katja, »können die kleine Auszeit nutzen, um diese eigenartigen Tierchen näher kennenzulernen, die seit Jahrhunderten in geheimnisvoller Symbiose mit den Menschen leben. Vor allem mit Kindern aus sozial schwachen Familien, die lange Haare haben. Darüber könnte Ihre Tochter vielleicht später einen Vortrag im Biologieunterricht halten.«

Was für eine blöde Hexe!, dachte Katja, sagte es aber nicht laut. Aus Erfahrung wusste sie längst, das Hauptproblem an Schulen sind nicht die Kinder, sondern die Lehrer. Das war schon immer so. Kinder ändern sich, manchmal streiken sie und haben keine Lust, doch in der Regel kriegen sie im letzten Moment die Kurve. Lehrer nicht. Wenn eine altgediente Lehrerin erst einmal einen Knall hat, dann bleibt ihr der für immer. Mit ihr zu streiten ist sinnlos. Also kaufte Katja in der Apotheke eine spezielle Seife gegen Läuse, bearbeitete die Kinder, und schnell war die geheimnisvolle Symbiose vorbei, noch bevor ihre Tochter den Vortrag für Bio fertig hatte. Am nächsten Tag ging Katja nicht zur Arbeit, sondern nahm sich frei, um die Kinder persönlich in die Schule zu bringen.

»Nein«, sagte die Biologielehrerin, »ich kann Ihre Kinder unmöglich einfach so wieder in die Schule lassen. Ich brauche eine schriftliche Bescheinigung, dass sie tatsächlich keine Läuse mehr mit sich herumschleppen. Das wird die Schulleitung von mir verlangen. Tut mir leid, so sind die Vorschriften. Jede Schule hat ihre eigenen Gesetze, ich habe sie nicht gemacht, haben Sie bitte Verständnis.«

Im Sekretariat bekam Katja das noch einmal bestätigt. Katja verfluchte die Schule bis in alle Ewigkeit und schickte der Schulleitung von ganzem Herzen einen Durchfallstrahl, sagte das aber nicht laut. Dummerweise passierte das Ganze auch noch in der Vorweihnachtszeit, alle Kinderärzte waren mit niesenden und hustenden Patienten beschäftigt, die Wartezimmer überfüllt. Zum Glück hatte Katja einen guten alten Bekannten, der Arzt war und seine Praxis in der Nähe hatte. Sie rief ihn an und bekam sofort das nötige Dokument, ohne in einer Schlange warten zu müssen. Das Wichtigste im Leben ist, die richtigen Freunde zu haben, dachte sie.

Am nächsten Tag ging sie wieder nicht zur Arbeit, sondern mit den Kindern zur Schule. Sie traf auf die Schulleiterin, die Katjas Kindern erneut den Schulbesuch verweigerte. Sie benötige eine amtliche Bescheinigung, meinte sie.

»Woher soll ich wissen, dass dieser Kinderarzt kein guter alter Bekannter von Ihnen ist? Vielleicht hat er Ihnen einfach aus Gefälligkeit die Bescheinigung ausgestellt?«, meinte sie.

Katja war beinahe am Durchdrehen. Sie hatte wegen dieser Läuse schon zwei Tage nicht arbeiten können, und ihr Chef hatte kein Verständnis mehr für ihre Privatprobleme. Diese Biologielehrerin und die Schulleiterin haben sich bestimmt abgesprochen, um mich verrückt zu machen, dachte sie und schrie fast: »Sagen Sie mir doch bitte, auf welchem Amt ich diese Bescheinigung holen kann?«

»Turmstraße 21«, bekam sie zur Antwort, »Landesamt für Gesundheit und Soziales. Da müssen Sie hin.«

Katja fuhr mit den Kindern zusammen in die Turmstraße. Das Landesamt für Gesundheit und Soziales war seit Wochen nicht aus den Schlagzeilen gekommen. Es wurde von Flüchtlingen aus aller Welt umlagert, die aus zerbombten oder verarmten Ländern nach Deutschland gekommen waren. Die Beamten kamen dem Leid der Menschen nicht hinterher, sogar Bundeswehrsoldaten wurden zu Hilfe gerufen. Von all dem wusste Katja aber nichts, sie wunderte sich nur, als sie aus der U-Bahn stieg. Bereits von Weitem sah das Landesamt für Gesundheit und Soziales total krank und völlig asozial aus, wie eine riesige Krake. Mehrere Schlangen aus Männern, Frauen und Kindern wanden sich von allen Seiten wie riesige Tentakel um das Gebäude.

Puh!, staunte Katja, wer hätte gedacht, dass so viele Menschen auf einmal Läuse haben. Sie alle wollten anscheinend eine Bescheinigung und waren von weit her in die Turmstraße gekommen. Vielleicht sind sie doch in einer anderen Angelegenheit hier als ich, überlegte Katja und suchte jemanden vom Personal, der ihr weiterhelfen konnte. Doch niemand wollte mit ihr reden. Jedes Mal, wenn ein Bundeswehrsoldat vorbeilief, begannen die menschlichen Tentakel sich zu bewegen. Kinder weinten, Männer schubsten einander böse, und hin und wieder schimpften sie in unverständlicher Sprache. Aber Katja war fest entschlossen, das Amt nicht ohne Bescheinigung zu verlassen. Sie ging an den Tentakeln vorbei, blieb vor der Eingangstreppe stehen und rief verzweifelt laut in die Menge:

»Hallo! Versteht hier jemand Deutsch? Wer ist hier für Läuse zuständig?«

Plötzlich wurde es still. Tausend Augen blickten auf sie, neugierig, hilfesuchend, hoffnungsvoll. Die ganze Welt starrte sie an und fühlte sich für Läuse überhaupt nicht zuständig.

Halle 36

Am dritten Advent fegte Tief »Vanechka« die Fußgänger von den Berliner Straßen. Schlechtes Wetter bekommt von deutschen Meteorologen traditionell russische Namen, während warme Windströmungen wie romantische Latino-Liebhaber heißen. Die meisten Berliner blieben zu Hause oder saßen in ihren Kneipen. Nur die Touristen torkelten draußen durch den Regen – und meine Mutter.

Ihre Schwester war aus Moskau zu Besuch gekommen und wollte unterhalten werden. In der russischsprachigen Zeitung hatte meine Mutter gelesen, am dritten Advent werde am Brandenburger Tor ein Chanukkaleuchter angezündet, ein Leuchter aus acht oder neun Kerzen, der zum jüdischen Lichterfest gehört. Das wollte die Tante unbedingt mit eigenen Augen sehen. Die Christen hatten an diesem Tag ihre dritte Kerze angezündet, um die baldige Ankunft Jesu zu verkünden, damit er sich nicht verirrte und um Gottes willen nicht in einem unchristlichen Land wiedergeboren wurde. In Deutschland wird es um diese Jahreszeit bereits am Nachmittag dunkel. »Mehr Licht wagen!«, möchte man im Dezember rufen.

Die Juden zündeten gleich neun Kerzen am Brandenburger Tor an, und bärtige Männer mit großen Hüten tanzten in der Dunkelheit um ihren Leuchter herum, als wollten sie Christen und Muslimen sagen: »Wir waren vor euch da! Unser Gott ist älter, unsere Dunkelheit ist finsterer, unser Glaube ist stärker.«

Auch die Moslems hatten an diesem Tag irgendetwas angezündet, zumindest gab es mehrere Feuerwehreinsätze in Tempelhof, wohin die Flüchtlinge nun nach und nach vom Messegelände weg umgelagert wurden. Auf dem Messegelände, so hatte man mir erzählt, hätten bis vor Kurzem in Halle 36 tausend Betten gestanden, in denen die Syrer schliefen. Sie mussten wegen der Vorbereitungen zur Grünen Woche, der größten Agrarmesse Europas, umziehen.

Die Grüne Woche ist die einzige Messe, die wir mit der Familie gerne besuchen. Sie ist auch die lustigste Messe Berlins. Es werden Lebensmittel aus aller Herren Länder ausgestellt und gleich an Ort und Stelle verzehrt. Es riecht um diese Zeit unglaublich appetitlich auf dem Messegelände, an jeder Ecke wird gebraten und gekocht, gesungen und getrunken. Die Syrer durften dabei nicht mitmachen, sie wurden samt ihrer

Betten nach Tempelhof gebracht. Das war schade. Ich persönlich hätte es besser gefunden, wenn die Syrer mit dem größten Pavillon auf der Grünen Woche geblieben wären. Überall würde gekocht, gegessen, getrunken und bei den Syrern in der Halle zum Beispiel geschlafen. Die Integration in eine neue Gesellschaft geht am kürzesten durch den Magen. Nichts bringt Menschen mehr zusammen als gemeinsames Kochen und Essen. Dafür sind aber die Berliner wahrscheinlich zu brav, sie wollen nicht, dass die Syrer dabei sind, wenn sie feiern.

Deutscher Pavillon

An vielen Orten in Deutschland werde ich Zeuge dieses rührenden Schauspiels: Flüchtlinge helfen Flüchtlingen. Die aus dem vorigen Jahrhundert passen auf
die Opfer dieses Jahrhunderts auf. Mein Freund Georgij, der vor zwanzig Jahren aus Georgien nach Hannover geflüchtet war, hat mit seiner Frau ein gut ge-
hendes Geschäft in der niedersächsischen Hauptstadt
aufgebaut, ein georgisches Restaurant mit liebevoll ge-
machter Küche und exzellenten Weinen. Mehrmals
bin ich nach einer Lesung bei ihm im Restaurant gelandet. Die georgische Gastfreundschaft ist legendär,
ich fand es dort sehr gemütlich.

Doch zu viel Gemütlichkeit kann einem Mann auf
Dauer auf den Geist gehen. Irgendwann langweilte
sich Georgij in seinem eigenen Laden. Neue Zeiten
brachten neue Herausforderungen mit sich. Er über-
ließ das Restaurant seiner Frau und den Töchtern
und wurde selbst Flüchtlingshelfer – »Flüchtlingsdi-
rektor«, wie er sagte. In Hannover lebten die Flücht-

linge auf dem Expo-Gelände im Deutschen Pavillon. Dort waren mehrere hundert Betten aufgestellt, oben hatte Georgij sein Büro. »Sehr viel Papierkram«, klagte er mir gegenüber, als wir uns kurz vor Weihnachten sahen. Er musste für jeden einzelnen Flüchtling eine GEZ-Befreiung beantragen, so will es das Amt.

»Kannst du mir erklären, wozu die Syrer eine GEZ-Befreiung brauchen?«, fragte Georgij mich, natürlich nur rhetorisch. »Sie haben doch kein Fernsehgerät, und wenn sie eins hätten, würden sie nicht verstehen, was da läuft!«

Das Amt sagt dazu, es spiele überhaupt keine Rolle, was sie hätten oder verstünden. Jeder Mensch sei in Deutschland GEZ-pflichtig, egal ob ein Deutscher mit oder ein Syrer ohne Fernsehgerät. Also saß Georgij in seinem Büro und machte 430 GEZ-Befreiungen fertig. Das Problem bei der Sache war der Datenschutz. Der war nämlich bei den Syrern so perfekt, dass sie ihre Daten nicht einmal selbst kannten. Die ehemalige Wohnadresse wurde in der Regel sehr schwammig formuliert, von der Postleitzahl ganz zu schweigen. Ihr Geburtsjahr hatten die meisten Syrer gut in Erinnerung, aber beim Geburtsdatum machten sie große Augen. Irgendwann hatte Georgij die Nase voll. Alle seine Syrer sind nun am 01.01. geboren, Silvesterkinder sozusagen.

Es ging nicht immer friedlich zu im Deutschen Pavillon, erzählte er mir. Immer wieder gab es kleine Aufstände. Am Anfang hatte ein schickes indisches Restaurant die Schirmherrschaft über die Flüchtlinge übernommen und ihnen täglich gutes Essen serviert, sie wurden mit der orientalischen Küche buchstäblich verwöhnt. Irgendwann hatten die Inder aber keine Lust mehr weiterzukochen und stellten ihre Wohltätigkeit ein. Ab da kochte nur noch das Rote Kreuz: Frikadellen mit Reis. Für viele war diese Umstellung schwer zu verkraften. Auch als sie Anmeldescheine bekamen, die ihnen als eine Art Pass dienen sollten, waren sehr viele Männer nicht damit einverstanden, dass ihre Frauen die gleichen Papiere wie sie erhielten: »Die Frau braucht keine Papiere, meine reichen doch«, meinten sie.

Georgij versuchte, ihnen die Idee der Gleichbehandlung von Mann und Frau zu erklären. Gleiche Rechte für alle? Die Syrer hörten aufmerksam zu, waren aber sehr skeptisch und reagierten ablehnend. Vielleicht hatten sie Angst, ihre Frauen würden ihnen als Erstes wegrennen, wenn sie die gleichen Rechte bekämen?

Ich habe die Angst der Syrer, ihnen könnten ihre Familien abhandenkommen, schon früher bemerkt – bei uns im Dorf. Wenn der Mann einkaufen ging, schloss er seine Familienmitglieder ein und packte den Schlüssel in die Hosentasche. Auch in Hannover passen die Syrer immer auf ihre Frauen auf. Sie wissen, ohne Frauen und Kinder gibt es nur Streit. Das beste Beispiel dafür ist eine Unterkunft mit 400 Flüchtlingen in der Nähe von Hannover, die ein Freund von Georgij leitet, alles junge Männer aus dem Sudan ohne Frauen, ohne Kinder. Sie schlagen einander beinahe täglich die Köpfe ein.

Woran denken die Syrer?

Was ist gelungene Integration? Sie kann doch nicht darin bestehen, alle Menschen gleichzuklopfen. Es wäre eine langweilige Welt, in der sich alle ständig einander angleichen, die gleiche Frisur tragen, Gleiches essen und denken. Zum Glück wird so eine Integration niemals gelingen, weil die Menschen nicht einmal sich selbst gleichen, sondern sich ständig ändern. Ihr Geschmack ändert sich, ihre Frisur ändert sich, und manchen fallen die Haare aus und wachsen nicht nach. Mein Freund Phillip, der mollige lebenslustige Besitzer eines Friseursalons mit Fotos toter Musiker an den Wänden, hat zum Beispiel selbst schon lange keine Haare mehr. Was ihn aber nicht daran hindert, anderen kluge Frisur-Ratschläge zu geben.

Wahre Integration besteht nicht darin, alle Menschen in Reih und Glied aufzustellen, sondern sich täglich zu entwickeln, Neues kennenzulernen, dem Fremden furchtlos in die Augen zu schauen und zu fragen: Du, Fremder, was willst du eigentlich von mir?

Mein Glatzenfriseur Phillip hat die Hand immer am Puls der Zeit, bei ihm ist die wahre Integration schon weit fortgeschritten. Seit Neuestem arbeitet ein orientalischer Friseur in langem Gewand in seinem Salon, er stammt angeblich aus Syrien. Er kann den Hipstern die Bärte schneiden, und diese neuartige Dienstleistung kommt in der Hipster-Hauptstadt Berlin gut an. Die bärtigen Menschen stehen Schlange, um sich von diesem exotischen Mitarbeiter filetieren zu lassen. Jimmy Hendrix, Kurt Cobain und David Bowie schauen von den Wänden wohlwollend zu. Der korpulente Phillip trägt auch selbst ein gewandähnliches sehr breites Hemd, das er angeblich in einem syrischen Laden gekauft hat und mit dem er ständig angibt.

»Der Syrer weiß eben, wie der Deutsche gebaut ist«, erklärte er mir seine Vorliebe für die syrische Mode. »Der Chinese zum Beispiel hat es nie verstanden. Wenn ich ein chinesisches Hemd vorne in die Hose stecke, hängt es hinten heraus. Stecke ich es hinten wieder rein, hängt es vorne heraus. Aber ein syrisches Hemd kannst du vorne und hinten reinstecken, es bleibt immer in der Hose!«, erzählte er mir begeistert.

Meine Bemerkung, dass diese Hemden wahrscheinlich gar nicht als Hemden gedacht waren, sondern als Gewänder, und dass man sie gar nicht in die Hose zu stecken brauchte, ließ er wie immer außer Acht.

Eins ist klar: Die Syrer sind überall und nehmen Einfluss auf die Männermode in Deutschland. Vor einiger Zeit besuchte ich mein liebstes Bundesland gleich nach Berlin. Ich meine Rheinland-Pfalz. Auf dem Weg nach Freinsheim bin ich in Ludwigshafen ausgestiegen. Auch dort saßen am Ufer des Rheins frisch gekämmte, modisch gekleidete Syrer und schauten aufs Wasser. In Ludwigshafen gab es eine große Flüchtlingsunterkunft: vierhundert Leute, alles Männer, die meisten aus Syrien, wie mir die Flüchtlingshelfer erzählten. Abends saßen sie gerne am Rhein und schauten sich den Sonnenuntergang an, arbeiten durften sie ja nicht. Früher glitzerte hier das Wasser blau und grün, und die BASF, die größte Chemiefabrik des Landes, sorgte für spektakuläre Farbenspiele am Abendhimmel. Fotografen aus der ganzen Welt kamen hierher, um das Schauspiel von Natur und Chemie auf Fotopapier festzuhalten. Man erzählte mir, früher hätte man die Fotos direkt im Rhein entwickeln können, man hätte nicht ins Geschäft laufen müssen, um die notwendigen Chemikalien zu kaufen. Heute sind die Sonnenuntergänge in Ludwigshafen bei Weitem nicht mehr so spektakulär. Die BASF gibt sich große Mühe, um die Natur zu schonen, und Fotografen müssen sowieso nicht mehr dorthin fahren, um ein tolles Farbspiel am Himmel zu knipsen. Das können sie nun zu Hause mit Photoshop machen.

Fotografen bleiben daher aus, nur Syrer sitzen Abend für Abend am Ufer des Rheins. Manchmal singen sie und machen Musik. Das hiesige soziokulturelle Zentrum hilft ihnen viel und gerne. Es organisiert Stadtspaziergänge und versucht, den Syrern die Eigenarten der Pfalz verständlich zu machen. Wie ticken die Menschen hier? Warum fahren alle Omas Fahrrad? Wozu braucht man so viel Weißwein? Und in welcher Reihenfolge wird die Pfälzer Platte aufgegessen? Zuerst natürlich die Leberknödel, dann der Saumagen und am Ende das Würstchen. Dazu einen guten trockenen Weißburgunder aus der Region. Und das Weinkraut kann man getrost auf dem Teller liegen lassen. Das wäre meine richtige Antwort auf diese Frage.

Einer solchen Integration unterziehe ich mich jedes Jahr in der Pfalz, und ich tue es mit großer Hingabe. Ob es für Syrer das Richtige ist, bezweifle ich. In Gedanken sind sie bei ihren Familien, denn Familien scheinen das einzig Wertvolle zu sein, das Menschen besitzen. Im Orient sind die Familien groß und neigen dazu, immer größer zu werden. Sie wachsen wie Schneebälle, die einen Berg hinunterrollen. Also ist die Hoffnung sehr groß, alle Frauen, Kinder, Großeltern und sonstige Verwandte, die man lieb hat und täglich braucht, zusammenzuführen. Aber ausgerechnet in Deutschland sind die Chancen dafür sehr gering. Deswegen fliegen viele zurück. Die Flüge nach Damaskus sind Monate im Voraus ausgebucht. Allein fühlen sich Syrer wie ein einsamer Leberknödel auf einer Pfälzer Platte – unvollkommen. »Lieber fliege ich in die Heimat und sterbe, aber bin bei meiner Familie!«, sagen sie sich.

Unsere Dorfsyrer in Brandenburg reden ebenfalls ständig über die zurückgelassenen Familien, obwohl sie eigentlich aus meiner Sicht viel zu viel Familie dabeihaben. Aber nein, da sind sie anderer Meinung, viele Onkel und Tanten fehlen noch. Ich glaube inzwischen, ganz Syrien ist eine Familie. Das gesamte Volk ist auf die eine oder andere Weise miteinander verwandt. Lädst du also einen Syrer ein, hast du wenig später alle bei dir zu Gast. Aber sind nicht alle Menschen miteinander verwandt? Stammen wir nicht alle vom selben Affen ab? Ich meine natürlich von zweien?

»Es gibt zwei Wege, eine Familienzusammenführung offiziell zu beantragen«, erklärte mir unser Dorfvorsteher: »Man muss sich entweder in der deutschen Botschaft in Istanbul oder im Libanon anmelden und bekommt dann eine Nummer.« In Istanbul wurde gerade die Anmeldenummer 153.604 vergeben, im Libanon erreichen sie bald die Million. Deswegen wollen auch unsere Syrer zurück. Aber nicht alle. Yssir zum Beispiel will nach Cottbus zu seinem Onkel ziehen.

»Das ist kein guter Lebensentwurf«, versuchten wir, ihm diese Schnapsidee auszureden. »Weißt du denn sicher, dass dein Onkel in Cottbus ist? Weiß dein Onkel überhaupt, dass er in Cottbus ist? Weiß er, dass er einen Neffen hat? Weiß er, dass du zu ihm ziehen willst?«

Doch alle unsere Bemühungen stießen auf eine eiserne Mauer des Schweigens. Onkel muss sein. Die Familie geht vor.

Syrer im Schnee

Mein Freund Tobias, der Maler, hat vor vielen Jahren Berlin den Rücken gekehrt und ist nach Rügen gezogen. »Ich fühle mich dauerhaft belästigt vom Chaos dieser Stadt, ich kann mich hier nicht konzentrieren«, erklärte er mir damals sein Aussteigermotiv.

»Worauf musst du dich denn konzentrieren? Kannst du dich nicht einfach entspannen und das Leben genießen?« Ich konnte seine Kritik am Großstädtischen nicht nachvollziehen.

»Ich möchte die Welt als Ganzes sehen, und hier hast du nur Hausfassaden vor Augen, nur Baugerüste, kaputte Menschen auf kaputten Straßen. Ich habe keine Lust, in einem Puzzle zu leben, in dem nichts zusammenpasst«, meinte mein Freund, typisch Künstler.

Auf Rügen schien er seine Ruhe gefunden zu haben, obwohl auch dort das Puzzle nicht wirklich zusammenpasste. Tobias wohnte zur Miete in einem kleinen Häuschen neben einem Kindergarten. Er malte in der Manier von Caspar David Friedrich: schlechtes

Wetter und dichter Wald, Wolken, Segler, leere Strände im Morgennebel, das dunkle Wasser und die leicht gesalzene Zeitlosigkeit, die man auf Rügen beim Einatmen spürt. Außerdem experimentierte Tobias mit Keramik. Er verkaufte im Sommer auf dem Kunstmarkt Fische aus Ton, die man als Vasen oder Gläser benutzen konnte. Seine Bilder stellte er im Frühling auf dem zentralen Platz aus, normalerweise im April, wenn die ersten Touristen die Insel besuchten. Menschen im Urlaub waren tatsächlich entspannter und öfter als in der Großstadt bereit, Kunst zu kaufen. Die meisten seiner Käufer schätzten realistische Bilder, die Ähnlichkeit mit der Wirklichkeit faszinierte sie. Am liebsten wollten die Käufer genau die Landschaft haben, die sie jeden Tag beim Aufwachen vor Augen hatten. Als jemand, der die Welt als Ganzes festhalten und verstehen wollte, gab sich Tobias große Mühe, auf der Insel so realitätsnah wie möglich zu malen. Er konnte von seiner Kunst nicht reich werden, aber zum Leben reichte es.

Nichts störte seine Ruhe außer dem Kindergarten. Die Kinder auf Rügen waren wie überall auf der Welt ungezogen, frech, laut und schnell. Sie liefen immer wieder vor seinen Fenstern hin und her und schrien einander an. Auch die Erzieherinnen schrien so laut, als wären die Kinder taub. Das tägliche Kindertheater lenkte Tobias von der Arbeit ab. Seine einzige Hoffnung war, dass der Kindergarten geschlossen würde. Er war noch in der DDR gebaut worden und sah aus wie eine Baracke. Die Eltern beschwerten sich, es würde in allen Ecken ziehen, und die Kinder waren ständig erkältet. Das einzige Plus dieses Kindergartens war ein natürlicher Schneehügel, den die Kinder sehr mochten. Es machte ihnen großen Spaß, im Winter mit einem Schlitten diesen Hügel herunterzufahren.

Die Stadtverwaltung versprach seit Jahren, einen neuen Kindergarten zu eröffnen, aber die Bauarbeiten zogen sich hin. Zum Jahreswechsel sollte der neue Kindergarten dann endlich eingeweiht werden. Tobias war froh, dass die schreienden Kinder aus seinem Leben verschwinden würden. Doch er hatte sich zu früh gefreut. In den frei gewordenen Kindergarten wurden Ende Januar Flüchtlinge einquartiert: »die Syrer«, wie die Stadtverwaltung sie nannte.

»Die Syrer«, von denen die meisten aus Afghanistan stammten, erwiesen sich zu Anfang als leise und zurückhaltend. Auf Tobias wirkten sie, als wären sie von ihrer langen Wanderung hypnotisiert. Sie haben einen weiten Weg hinter sich, dachte er, und sind bestimmt von der wilden Schönheit der Ostsee, von der einmaligen Natur der Insel überfordert. Sie brauchen Zeit, um sich an die neue Umgebung zu gewöhnen.

Die Syrer froren. Sie schliefen die meiste Zeit, machten das Licht nachts nicht aus, und wenn sie einmal herauskamen, dann mit solch erstauntem Gesichtsausdruck, als würden sie sich ständig fragen: »Wo bin ich?« Von der Stadtverwaltung wurden sie beauftragt, den Schnee vom Hof des ehemaligen Kindergartens zu schaufeln und auf den Schneehügel zu werfen.

Tobias versuchte, mit seinen neuen Nachbarn Kontakt zu knüpfen. Er fragte sie, warum sie das Licht nachts nicht ausmachten, bekam aber keine vernünftige Antwort darauf. Die Syrer hatten Angst vor Schnee. In ihrer Heimat hatten sie zwar schon welchen gesehen, der lag aber weit weg auf Bergkuppen. Sie hatten ihn nie angefasst. In ihrer Vorstellung markierte der Schnee die Grenze zwischen Himmel und Erde. Den weißen Staub, der nun beinahe täglich vom Himmel auf sie herunterfiel, fanden sie unangenehm und ekelerregend. Wenn die Schneeflocken auf der Haut landeten, verwandelten sie sich sofort in Wassertropfen, wenn sie aber auf die Erde fielen, blieben sie liegen und verursachten nasse Füße.

Die Syrer schliefen bis 12.00 Uhr, danach gingen sie auf den Hof, schippten den Schnee zusammen, brachten ihn auf den Hügel, saßen in der Hocke, rauchten und besprachen leise ihre Zukunftspläne. Sie sahen aus wie Menschen, die froren.

»Sie müssen sich mehr bewegen, dann frieren sie nicht«, dachte Tobias. Er schenkte den Syrern einen Schlitten und zeigte ihnen, wie sie damit vom Schneehügel heruntersausen konnten. Die Syrer schauten ihn misstrauisch an. Nur einer hatte den Mut, es Tobias nachzutun, fuhr herunter und knallte gegen den einzigen Baum, der unten am Hügel stand. Irgendwie waren diese Leute ein Inbegriff des Unglücks, fand Tobias. Alles, was sie taten, lief schief.

Tobias begann, sie zu malen. Eine neue Reihe von Bildern entstand, die er abstrahierend »Syrer im Schnee« nannte, angelehnt an den alten Meister Pieter Brueghel und seine »Jäger im Schnee«.

Einmal kamen die Syrer aufgeregt vom Strand zurück, sie schleppten einen toten Mondfisch an, den sie im Sand gefunden hatten. Sie fragten Tobias, ob er den Fisch essen wolle. Er rieb sich die Augen, denn die Szene war skurril. Mondfische waren an der Ostsee genauso selten wie Syrer, es hatte sie dort noch nie gegeben. Anscheinend spielte auch die Natur verrückt, sie schaffte neue Strömungen, und die armen Mondfische, die sich nur treiben lassen konnten, hatten sich verirrt und waren genau wie die Syrer am Strand von Rügen gelandet. Vielleicht zum ersten Mal in der Weltgeschichte trafen sich Mondfische und Afghanen und das ausgerechnet auf Rügen!

Nachts hatte Tobias eine Erleuchtung. In einem plötzlichen Anfall von Klarheit sah er das Ganze. Die Welt erschien ihm als lebendiger Organismus, dessen unterschiedliche Teile wie selbstverständlich zueinanderpassten. Mondfische, Afghanen, Deutsche und der Schnee gehörten auch dazu. Das Puzzle setzte sich von allein zusammen. Tobias beschloss, diese neue Klarheit in einer Komposition aus Keramik mit dem umständlichen Titel »Syrische Asylbewerber spielen mit dem Mondfisch auf Rügen« zu verewigen.

Ende Februar begann die Natur, sich auf den Jahreszeitenwechsel vorzubereiten. Zuerst verschwanden die Mondfische, dann taute der Schnee auf dem Schneehügel. Wenig später wurden auch die Syrer in unbekannte Richtung verlegt. Vielleicht waren ihre Asylanträge abgelehnt worden, weil man Afghanistan als sicheres Land eingestuft hatte, und nun mussten sie zurück. Als die ersten Touristen kamen, stellte Tobias voller Stolz seine neuen realistischen Kunstwerke aus. Doch weder die »Syrer im Schnee« noch die Keramik mit dem Fisch fanden einen Käufer. Die Leute schauten misstrauisch auf seine Werke, und ein alter Kumpel fragte Tobias sogar, ob er auf seine alten Tage Surrealist geworden sei.

»Stimmt, ich bin hier ein wenig Syreralist geworden«, lachte er.

Drei Könige ohne Begleitung

In der ersten Januarwoche berichteten die Zeitungen voller Entsetzen über eine andere Art von Silvesterfeier, die sich die Neuankömmlinge in den Bahnhöfen von Köln, Hamburg und Stuttgart gegönnt hatten. Sie sollen mit Böllern aufeinander und in die Menge geschossen, Frauen und Mädchen unzüchtig angefasst und Passanten ausgeraubt haben. Im Januar hatte ich wie auch die Jahre zuvor die längste Lesereise. Das Bildungsbürgertum in Deutschland beschenkt sich gerne zu Weihnachten und Silvester mit Tickets für Lesungen und Konzerte, deswegen trumpft das Land im letzten und ersten Monat des Jahres mit einem besonders umfangreichen Kulturprogramm auf. Ich fuhr von einer Stadt in die nächste und stieg an Bahnhöfen aus, wo die Syrer gerade für Schlagzeilen gesorgt hatten.

Meine erste Station war Köln. Der dortige Bahnhof sieht auch bei Tag aus wie die Zwischenstation einer großen Völkerwanderung. Es befinden sich dort viele Reisende, die es nicht eilig haben. Sie stehen herum oder sitzen mit gleichgültiger Miene auf ihrem Gepäck, als wäre ihr Zug schon lange abgefahren. Sie suchen einen neuen, lassen sich jedoch bei der Suche Zeit. Meine Lieblingsecke an diesem Bahnhof ist die kleine italienische Pizzeria mit einem Türken hinterm Tresen, der im Laden den Italiener gibt. »Buongiorno!« Ich bestellte einen Kaffee und fragte ihn, was sich hier in der Silvesternacht abgespielt habe, und ob die Presse nicht übertreibe.

»Die Presse untertreibt«, flüsterte er und machte große Augen. »Es war hier die Hölle auf Erden! Aber Hand aufs Herz, ich frage mich: Wo waren die Männer dieser Frauen? Schickst du deine Tochter, Frau oder Mutter in der Silvesternacht alleine zum Bahnhof? Würdest du das tun?« Er hob rhetorisch den Finger. »Wenn mir so ein Araber über den Weg läuft, dann zögere ich nicht, dann ziehe ich meine Knarre!«

»Haben Sie denn eine?«, fragte ich neugierig.

»Nein, natürlich nicht«, sagte er. »Aber wenn ich eine hätte…« Der Mann schloss genüsslich die Augen, er war eindeutig ein Waffenfetischist.

Gut, dass wir nicht in Amerika sind, dachte ich.

Am nächsten Tag fuhr ich weiter. In der Nähe des Hamburger Hauptbahnhofs gibt es eine kleine Raucherkneipe mit rauchenden Mädchen hinter dem Tresen, in Deutschland inzwischen eine Seltenheit. Jeder,

der hereinkommt, bekommt sofort einen Aschenbecher vor die Nase gestellt. Da kehrte ich ein. Das Mädchen schimpfte über Merkel, sie gab der Bundeskanzlerin die Schuld an allem.

»Wenn sie diese Neuankömmlinge schon so konsequent willkommen geheißen hat, dann hätte sie ihren Besuch in der Silvesternacht auch nicht alleine feiern lassen sollen. Zuerst lädt sie die Menschen ein, und dann geht sie mit anderen feiern. Da bleibt dem Besuch nichts anderes übrig, als zum Bahnhof zu fahren und mit ein paar Knallern auf sich aufmerksam zu machen. Die wissen doch gar nicht, wie man in Deutschland Silvester feiert. Niemand hat sie aufgeklärt.«

»Was sollte Frau Merkel Ihrer Meinung nach denn tun?«, verteidigte ich die Bundeskanzlerin. »Sollte sie in jedem Flüchtlingsheim Tannenbäume aufstellen, traditionelle Jolkafeste organisieren, selbst als Schneewittchen verkleidet mit einem Sack voller Geschenke unter der Tanne tanzen?«

»Ist mir wurscht, wie sie das macht, so etwas wie neulich darf sich jedenfalls nicht wiederholen«, sagte das Mädchen und sog an seiner Selbstgedrehten.

Meine nächste Station war Stuttgart. In Stuttgart gibt es keinen richtigen Bahnhof. Dort, wo früher einer stand, haben die Stuttgarter ein Riesenloch gegraben. Jeden Tag versammelt sich dort die halbe Stadt und schaut neugierig in die Grube. Daneben hängen auf provisorischen Holzwänden Bilder, die besonders tolle Bahnhöfe aus aller Welt zeigen – aus Indien, China und Amerika. Jedes Jahr besuche ich die Stadt, und die Grube wird immer tiefer. Die Stuttgarter glauben wahrscheinlich, wenn man anstelle des alten Bahnhofs ein besonders tiefes Loch gräbt, wird der neue Bahnhof wie von allein daraus emporwachsen. Deswegen kommen die Bürger jeden Tag zur Grube, um zu schauen, wie die Sache vorangeht. Bis jetzt ist aber noch nichts zu sehen. Die Politik ist optimistisch, sie sagt, es hätten sich schon Wurzeln gebildet, sie wären nur von oben nicht zu sehen.

Nicht weit vom unsichtbaren Stuttgarter Hauptbahnhof gibt es einen sehr guten Friseur. Zu ihm gehe ich immer, um mir die Haare schneiden zu lassen, wenn ich in der Stadt bin. Die nette Friseurin hat mir erzählt, seit die Flüchtlinge da seien, bekäme sie jeden Tag zwanzig Heiratsanträge auf dem Weg zur Arbeit und noch einmal zehn auf dem Weg nach Hause. Immer wenn sie am Bahnhof vorbeiläuft, stehen dort nämlich Syrer mit ihren Smartphones, die sie als Übersetzer benutzen, lächeln schräg und sagen »Heirate mich«.

»Die Jungs gehen mir echt auf den Geist«, beschwerte sie sich. »Ich habe immer Tränengas bei mir in der Tasche.«

»Woher willst du wissen, dass sie es böse meinen?«, fragte ich. »Vielleicht wollen sie dich etwas ganz anderes fragen und sind einer falschen Übersetzung zum Opfer gefallen. Inzwischen weiß die ganze Welt, wie leicht es ist, den Google-Übersetzer zu manipulieren. Der Wortschatz dieses Programms wird von den Nutzern bestimmt und ständig erneuert. Russen und Ukrainer haben sich bereits richtige Schlachten in diesem Übersetzungsprogramm geliefert. Eine Zeit lang wurde ›Russland‹ nur als ›Mordor, das Imperium des Bösen‹ ins Ukrainische übersetzt und ›Putin‹ als ›Arschloch‹. Wenn man umgekehrt das Wort ›Ukrainer‹ eintippte, kam bei der Übersetzung ins Russische ›Speckstreifen‹ heraus. Vielleicht wollten die Syrer eigentlich bloß fragen: ›Wie komme ich zum Bahnhof?‹ statt ›Heirate mich‹?«, entwickelte ich meine Theorie weiter.

Die Friseurin lachte. Sie hielt meine Theorie für total unhaltbar. »Wer, zum Teufel, will fragen ›Wie komme ich zum Bahnhof‹, wenn er am Bahnhof steht?«

»Ja, aber vielleicht gerade weil der Stuttgarter Bahnhof so unsichtbar ist, wundern sich die Syrer, schauen ins Loch und wollen sich vergewissern, ob sie tatsächlich am Bahnhof stehen.«

Nein, das könne sie sich nicht vorstellen, meinte die Friseurin.

Während sie mir die Haare schnitt, las ich im Internet, was die Zeitungen über die Vorfälle schrieben. Die Linken warnten vor einem Anstieg des Fremdenhasses: »Es gibt keine kriminellen Ausländer, nur kriminelle Arschlöcher«, schrieben sie. Den Rechten war das egal. Sie wollten sofort mit der Abschiebung aller Fremden beginnen.

Noch mehr als die Deutschen haben sich erstaunlicherweise die russischen Medien über das arme untergehende Europa Sorgen gemacht. Die Straftaten in Deutschland in der Silvesternacht bekamen in Russland die größten Schlagzeilen, sie waren noch wichtiger als die erfrorenen Autofahrer in Sibirien, Putins Kirchenbesuch und der totale Heizungsausfall in Murmansk. Die russischen Medien beschäftigten sich lieber mit Köln und Hamburg. Sie berichteten halb schadenfroh, halb mitleidig von der »Nacht der langen Hände« und von möglichen Leichen vergewaltigter Frauen, die wahrscheinlich hinter den Bahnhöfen liegen würden. Der Chor der regierungstreuen Presse sang einstimmig das gleiche Lied:

»Wir haben euch gewarnt! Wir Russen wissen Bescheid! Es wandern nie die richtigen Leute ein, es sind immer nur Feinde und Spione, schlechte, faule Menschen. Unter dem Deckmantel der Hilfsbedürftigkeit sind eine Million Kriminelle zu euch gekommen, um eure Frauen zu vergewaltigen und eure Männer zu versklaven. Und ihr, ein nicht von einem starken Führer, sondern von schwachen Tanten regiertes Land, habt sie mit Blümchen empfangen. Anstatt die ganze Million in den Sack zu stecken und ins Wasser zu schmeißen. Oder sie alle in den Wald zu schicken oder in eine große Grube. Man kann so einiges mit einer Million anstellen!«

Mir schien, als wollten die Russen sagen: Konsultiert uns bitte. Wir haben große Erfahrungen auf diesem Gebiet! Wie viele Millionen eigene Bürger haben wir nicht schon in den Sack gesteckt, in den Wald geschickt und in den Kellern vergraben. Da werden sich die nächsten Generationen noch jahrhundertelang abmühen müssen, um zu zählen, wer alles fehlt. Und wir geben euch Europäern unsere wertvollen Erfahrungen auf diesem Gebiet weiter, völlig umsonst, kostenfrei, ohne eine Gegenleistung zu verlangen. Aber Europa will unsere Erfahrungen ja nicht haben, ihr Armen.

Nach Stuttgart landete ich in Heilbronn. Es war Dreikönigstag, ein katholischer Feiertag, alle Läden waren geschlossen. Abends ging ich am Ufer des Neckars spazieren. Die Stadt wirkte wie ausgestorben, nur drei einsame Syrer liefen wie die Heiligen Drei Könige unter der Brücke am Neckar entlang, und drei große fette Schwäne schwammen ihnen hinterher.

Wahrscheinlich in der Hoffnung, die Syrer würden sie füttern. Unter der Laterne blieben die Syrer am Wasser stehen, und auch die Schwäne machten Halt. Einer der Jungen holte sein Smartphone aus der Tasche und sagte etwas auf Arabisch. »Willst du mich heiraten«, übersetzte ihm das Telefon mit eiserner Frauenstimme. Die Schwäne krähten vor Aufregung und schwammen sofort weg.

Die Milchbauernintegration

Ein Dichter schrieb einmal, in den Augen junger Menschen könne man bei genauem Hinsehen die Umrisse der Zukunft erkennen. In den Augen meiner Kinder sehe ich Stress, Verzweiflung und die Angst, nicht ernst genommen zu werden. Meine Tochter studiert an der Humboldt-Universität Europäische Ethnologie. Das wird bestimmt zu einem gewinnbringenden Job führen, scherzen wir in der Familie. Mir erklärte meine Tochter, »Europäische Ethnologie« sei eine moderne Wissenschaft, und niemand wisse, was sie in Wahrheit sei. Die Studenten wissen es nicht, und ihre Lehrer tun nur so, als wüssten sie es. Im Allgemeinen geht es wohl darum, wie die verschiedenen europäischen Kulturen aufeinander wirken, worin sie sich ähneln, und wie sie sich unterscheiden. Es wird geforscht, woraus die Welt draußen besteht und was in unserer europäischen Suppe alles mitschwimmt.

Im ersten Semester durften die Studierenden ihr Forschungsgebiet selbst bestimmen. Meine Tochter fuhr mit ihren Freundinnen zu Forschungszwecken jeden Freitag in eine Kneipe nach Neukölln, wo angeblich jede Menge Ethnologie wächst und gedeiht. Mir erzählte sie, dass sie dort vor Mitternacht nichts trinken würden, sondern nur aufschrieben, was sie gesehen hätten. Danach gönnten sie sich ein Bier. Oder zwei.

Meine Tochter hat inzwischen ihre erste wissenschaftliche Arbeit abgegeben und die beste Note dafür bekommen. Ihre Arbeit hat einen Titel, der mich als Schriftsteller vor Neid erblassen lässt. Sie heißt: »Die Angst der Forscherin vor ihrem Forschungsobjekt«. Ich habe die Arbeit gelesen, und, ja, es muss ethnologisch gesehen in Neukölln viel los gewesen sein.

Ich habe bei einer öffentlichen Veranstaltung einmal die Bürgermeisterin dieses Bezirks kennengelernt, eine tapfere Frau, die vor ihrem Wirkungsgebiet überhaupt keine Angst zu haben schien. Im Gegenteil, sie erzählte mir, wie hartnäckig sie die Integration vorantrieb, zur Not auch mit Lügen. Eltern, die ihre Kinder nicht zur Schule schickten, bekamen gesagt, ihnen werde das Kindergeld gekürzt. In Wahrheit ist das Kindergeld verfassungsrechtlich garantiert und darf niemandem gekürzt werden. Aber manche Eltern glaubten das, weil es logisch klang, und schickten ihre Kinder daraufhin doch zur Schule.

Es wurden auch Freiwillige unterstützt, die Kindern aus jenen Familien Gutenachtgeschichten vorlasen, in denen die Eltern das nicht selbst taten. Die aufklärerische Idee, dass Menschen so schön werden wie die Geschichten, die sie als Kinder gehört haben, ist toll. Danach müssten wir nur jeden Abend eine verlässliche Gutenachtgeschichte für alle im Fernsehen übertragen, und schon wäre die Welt gerettet. Leider hat sich diese Theorie in der Praxis nicht ganz bestätigt. Vielleicht müssen es zwei Geschichten sein?

Mein Sohn weiß noch nicht genau, was er später werden will. Ich habe das Gefühl, er kann alles werden. Er ist ein sehr kommunikativer Junge. Alle Verkäufer in den Spätläden unseres Bezirks kennen ihn und begrüßen ihn namentlich mit lautem Hallo. Er spielt Tischtennis, Basketball, Bierball, kennt alle neuen Serien und spricht drei Sprachen fließend. Er wird von den Eltern und Großeltern seiner Freunde sehr geschätzt, vor allem die Großeltern seiner vietnamesischen Freunde laden ihn gerne zum Essen ein. Sie wollen mit Sebastian Russisch reden. Die vietnamesischen Großeltern haben nämlich damals in Moskau, Kiew und Wolgograd Russisch gelernt, nachdem die Sowjetunion ihnen im Krieg gegen die Amerikaner geholfen hatte. Genauer gesagt: Die Nordvietnamesen hatten es gelernt, während die Südvietnamesen die

Russen eigentlich hassen müssten, es aber nicht tun. Sie begrüßen meinen Sohn genauso überschwänglich wie ihre ehemaligen Feinde aus dem Norden. Es gefällt ihnen, dass er auf Vietnamesisch »Wie geht's, alter Sack« sagen kann.

Diese großartigen Kinder sind eigentlich längst erwachsen. Nur, wie sollen sie in die Erwachsenenwelt integriert werden? Die Welt scheint zurzeit genug Probleme mit der Integration der Erwachsenen zu haben, die schon länger da sind. Man muss sie umschulen, neu qualifizieren, fördern, fordern, salzen und pfeffern. Nachschub wird nicht unbedingt erwartet. Die Erwachsenenwelt will die neuen Menschen nicht haben, sie kapselt sich ab. Ich habe das Gefühl, früher konnte man leichter Anschluss finden, am schnellsten ging das über den Berufsweg. Heute gibt es jedoch tausend Freizeitbeschäftigungen, europäische Ethnologien und wenig Berufe im Sinne des vorigen Jahrhunderts, als die meisten Menschen Handwerker, Ingenieure, Arbeiter oder Bauern waren.

Einige wenige kenne ich noch. Einer meiner Nachbarn in unserem Brandenburger Dorf ist Milchbauer. In einem kleinen ostfriesischen Dorf aufgewachsen, später nach Brandenburg gezogen, musste er sich nie Gedanken darüber machen, was er einmal werden wollte. Sein Großvater hatte 200 Kühe, sein Vater 600, und er hat 1000. Dazu eine achtzehnjährige Tochter, die überhaupt keine Kühe haben möchte, nicht einmal eine. Das ist die große Falle unseres Jahrhunderts. Denn irgendwie müssen wir uns alle neu erfinden und in diese neue Welt integrieren: die Kinder, die Kühe, der Milchbauer und die ganze europäische Ethnologie.

Der Milchbauer geht da mit gutem Beispiel voran. Jahrelang hat er Menschen aus Litauen auf seiner Farm beschäftigt. Er baute für sie auf der Farm ein Häuschen und bezahlte sie anständig. Litauer sind geborene Milchmenschen, sie kommen gut mit Kühen klar und sind im Alltag nicht besonders anspruchsvoll. Zuerst holte unser Milchbauer eine Familie aus Litauen, quartierte sie bei sich ein und bezahlte ihnen einen teuren Sprachkurs »Deutsch für Ausländer«, mit dem man die Sprache verlässlich und schnell lernen konnte.

Eine Weile lief alles gut, dann aber begann es in der Familie zu bröseln. Der Mann und die Frau stritten sich heftig. Das taten sie in ihrer Muttersprache, sodass der Milchbauer den Inhalt des Streites nicht nachvollziehen konnte. Die Kühe wurden nervös. Es sind empfindliche, feinfühlige Wesen, auch wenn sie manchmal so aussehen, als wäre ihnen alles egal. Kühe sehnen sich nach Harmonie, sie mögen keine streitenden Menschen. Die Milch wurde sauer. Der Bauer versuchte zu schlichten, aber es nützte nichts. Schweren Herzens entließ er die Familie und stellte neue Litauer ein: zwei Brüder, beide alleinstehend. Er quartierte sie in dem Häuschen ein und spendierte ihnen denselben teuren »Deutsch für Ausländer«-Kurs.

Die Brüder erwiesen sich als erfahren und zuverlässig, entwickelten aber im Herbst eine enge Freundschaft mit der Flasche. Besonders an regnerischen Tagen verfielen sie einer seltsamen Melancholie und konnten ihrer Arbeit nicht nachgehen. Sie beruhigten den Milchbauer: So etwas passiere ihnen nur, »wenn es regnet«. Es regnet aber oft in Brandenburg. Die Milchwirtschaft ist sehr präzise, die Milch muss bei exakter Temperatur gehalten werden, ein Grad mehr, eines weniger, und schon meckern die Abnehmer. Aber obwohl die Brüder selbst einen konstanten Grad intus hatten, konnten sie dieselbe Leistung bei der Milch nicht durchgehend einhalten. So ging es nicht weiter. Irgendwann packten die Brüder ihre Flaschen zusammen und fuhren nach Hause.

Der Milchbauer ging in die Sprachschule und buchte für sich einen Sprachkurs. Er lernte Litauisch. Er hatte zwei und zwei zusammengezählt und festgestellt, dass er viel Geld sparen würde, wenn er die Sprache seiner Arbeiter beherrschte. Litauisch ist eine komplizierte Sprache, um sie zu erlernen braucht man viel Fleiß. Doch der Milchbauer erwies sich als Sprachtalent. Seither hat er nur noch Glück mit seinen Arbeitskräften. Sie verstehen einander prächtig, das Geschäft vergrößert sich, und demnächst machen sie eine Milchtankstelle auf. Seit der Milchbauer mit seinen Arbeitern Litauisch spricht, sind seine Autorität im Dorf und die Qualität seiner Milch enorm gestiegen. So viel kann Integration bewirken.

Müllers Ruh

Nach der misslungenen Kommunikation zwischen den Syrern und dem Briefträger im Dorf verbot der Ortsvorsteher den Syrern grundsätzlich, irgendwelche Zettel aus der Hand des Postmannes zu unterschreiben, um weiteres Auspacken fremder Post zu vermeiden. Er verbrachte eine gute Stunde bei seinen Schützlingen und setzte, glaube ich, sogar Hypnose ein, um ihnen klarzumachen, dass sie nichts mehr unterschreiben durften. Infolge dieser Hypnose weigerte sich wenig später das Oberhaupt der syrischen Familie, seinen eigenen lang ersehnten Asylausweis in Empfang zu nehmen, der per Einschreiben mit der Post gekommen war. Der Syrer verweigerte die Unterschrift, und sein Ausweis ging zurück nach Bonn. Der Ortsvorsteher bekam daraufhin Kopfschmerzen.

»Man will ja das Beste, aber irgendwie kommt immer nur Blödsinn dabei heraus«, sagte er.

Die Syrer hatten auch Kopfschmerzen. Sie schliefen bis um 12.00 Uhr, ihr Frühstück verwandelte sich langsam in ein Mittagessen, und zwischendurch gingen sie mit den Kindern spazieren. Allerdings nur die kurze Strecke bis zum Wald und zurück. Sie hatten offenbar Angst vor dem Brandenburger Wald. Um Mitternacht nahmen sie dann das Abendessen zu sich. Es ist die Zeitverschiebung, dachten ihre Nachbarn, die aufstanden, wenn die Syrer schlafen gingen.

Zu Ostern hatten alle im Dorf Kopfschmerzen, weil Ostern das verwirrendste Fest hierzulande ist. Meine Mutter rief mich an und sagte: »Wie schade, dass Ostern dieses Jahr auf einen Freitag fällt, wir wollten doch am Freitag schwimmen gehen. Und jetzt haben bestimmt alle Bäder zu.«

»Aber Mama«, widersprach ich, »zu Ostern gehört immer ein Freitag, nämlich der Karfreitag.«

Nein, gab meine Mutter nicht auf, letztes Jahr sei Ostern am Mittwoch gewesen, das wisse sie genau. Das habe ihr viel besser gepasst.

Von allen christlichen Feiertagen ist Ostern bei uns das größte Theater. Alle im Dorf hatten zu tun: Alte Jungfrauen gingen zur Wasserquelle, um Osterwasser zu holen, wobei sie traditionsgemäß die Männer ins Wasser schubsen sollten. Es war aber keiner da. Die Männer sammelten nämlich derweil Ostermoos, um Nester für die Hasen zu bauen, und die Kinder suchten schon mal Ostereier. Jeder machte seins. Jesus wurde gekreuzigt, stand aber am Sonntag wie jedes Jahr wieder auf. Für manche ist Ostern ein Fest der Hoffnung, für die anderen das Gegenteil, lautet die Botschaft: Alle Mühe ist vergeblich – Mensch, hör auf zu zappeln, gib endlich Ruhe.

Am Samstag nahm ich zusammen mit dem ganzen Dorf am Osterspaziergang teil. Die Syrer sollten auch mitkommen, sie versprachen sogar, früher aufzustehen.

»Wenn ihr in Deutschland bleiben wollt, müsst ihr lernen, früh wach zu sein!«, belehrte sie der Ortsvorsteher.

Die Syrer nickten und lächelten, verschliefen jedoch den Osterspaziergang komplett. Wir warteten bis Viertel nach zehn und gingen dann ohne sie los durch den Wald zur größten Sehenswürdigkeit der Gegend: Müllers Ruh am Waldsee. Den ganzen Weg überlegte ich, dass mit den Christen genau dasselbe passiert war wie mit den Syrern und der Post: Nach langem Büßen und Beten bekamen sie endlich ein Telegramm mit göttlicher Hilfe bei der Lebensplanung: das Alte Testament. Sie wollten aber für die Zehn Gebote nicht unterschreiben und hielten sich nicht an sie. Sie belogen und bestohlen einander und brachten einander um. Also schickte Gott seinen einzigen Sohn auf die Erde, damit er die Menschen an diese Gebote erinnerte und daran, wie wichtig es war, ihnen zu folgen, sprich, zu unterschreiben. Wir haben unterschrieben, sündigen jedoch weiter, wenn auch mit schlechtem Gewissen.

Und einmal im Jahr zu Ostern pilgern wir zu Müllers Ruh, einem Mahnmal der Vergeblichkeit des menschlichen Tuns. Nur die Pilger sehen es, ein zufälliger Passant würde das Mahnmal wahrscheinlich gar nicht als solches erkennen. Er würde nur einen Felsbrocken sehen, einen riesigen Stein am Rande eines Weizenfeldes. Das Feld gehört seit vielen Jahren der Bauernfamilie Müller. Der Stein auch. Vor mehr als hundert Jahren, als der junge Bauer Müller das frisch erworbene Feld bestellen wollte, merkte er, dass mittendrin ein Stein in der Erde steckte, der ihn an seiner Arbeit hinderte. Also versuchte er, den Stein auszugraben. Je tiefer er grub, desto größer wurde der Stein. Langsam merkte der Bauer, dass der sichtbare Teil des Steines dessen kleinster Teil war – wie die Spitze eines Eisbergs. Der Wille zum Ausgraben schwand dahin, Müller ließ den Stein ruhen.

Sein Sohn, der flotte Müller, machte es sich zur Lebensaufgabe, den Stein aus dem Feld zu ziehen. Koste es, was es wolle. Mit Seil und Pferden ging er an die Arbeit. Nach einer Weile gelang es ihm, den Stein zu bewegen und senkrecht aufzustellen. Wie ein Felsen ragte er nun aus dem Feld. Die Erde unter dem Stein war schwarz wie der Tod, nichts wuchs auf ihr.

Der senkrecht stehende Stein sah bedrohlich aus, und viele sagten, es sei ein Fehler gewesen, ihn herauszuziehen, denn damit sei das Gleichgewicht des Feldes gestört worden. Sollte der Stein jemals zurückfallen, würde sich das ganze Feld wie eine gebrauchte Serviette krümmen.

Nach jahrzehntelangem Kampf ging der flotte Müller in den Ruhestand und starb wenig später schlecht gelaunt. Seine Lebensaufgabe sah er als nicht erfüllt an. Der Enkel des flotten, der zappelige Müller, schwor beim Grab seines Großvaters, das »Projekt« zu Ende zu bringen. Zwischendurch hatte die Menschheit zwei Weltkriege durchgemacht, war ins All geflogen, hatte den Sozialismus auf- und wieder abgebaut. All das ging an der Familie Müller vorbei, denn sie kämpfte mit dem Stein. Nach zähem Ringen und unter Einsatz moderner Kettenfahrzeuge gelang es dem Zappel-Müller, den Stein fast fünfundzwanzig Meter seitwärts zu ziehen und am Rand des Feldes ruhen zu lassen.

Da liegt er nun auf alle Ewigkeit. Amen.

Syrer in der Traumfabrik

Anfang April bekam ich Besuch. Meine Cousine Jana aus Moskau kam, um zu schauen, wie wir hier lebten. Das tat sie kontinuierlich von morgens bis abends, allein verließ sie die Wohnung nicht. Sie saß mit uns in der Küche, ging mit uns zum Rauchen auf den Balkon, zum Einkaufen und Essen, schaute zusammen mit uns Filme auf Video und wollte dabei stets unterhalten werden. Nach einer Woche versuchte ich, ihr die Sehenswürdigkeiten Berlins schmackhaft zu machen, den Potsdamer Platz oder die Museumsinsel. Sie war aber schon früher einmal auf der Museumsinsel gewesen und konnte mit dem Potsdamer Platz nichts anfangen.

»Willst du, liebe Cousine, vielleicht doch noch irgendetwas von dieser Stadt sehen?«, fragte ich verzweifelt.

Sie nickte. Es stellte sich heraus, dass Jana nach Potsdam fahren wollte. Ich überlegte. Sicher war Potsdam mit seinen Schlössern und Parkanlagen eine Traumlandschaft, es gab dort einiges an märchen-

haften Ecken, unter anderem das russische Dorf Ale-
xandrowka mit Holzhütten, einer kleinen Kirche und
guter russischer Küche. Dieses Dorf hatte einst ein
preußischer König extra für die Sänger eines russischen Chorregiments bauen lassen, welches ihm sein
russischer Kollege, Zar Alexander I., großzügig und in
friedvoller Absicht zur Belustigung des preußischen
Hofes geschenkt hatte. Die singenden Kosaken waren
überdurchschnittlich groß und trugen alle Schnurr-
bärte, entsprachen also voll und ganz dem Russenkli-
schee des damaligen und heutigen Europas. Das russische Dorf bei Potsdam dient auch heute noch als
herausragendes Beispiel für gelungene Integration.
Die Kosakennachkommen, die dort heute leben, sehen immer noch sehr russisch aus, obwohl sie nur
Deutsch sprechen und, so glaube ich zumindest, überhaupt nicht mehr singen können.

Noch märchenhafter als alle Schlösser und Kosa-
kendörfer Potsdams erschienen mir jedoch die Film-
studios in Babelsberg, Deutschlands größte Traumfa-
brik. Lange Zeit wurden dort nur DDR-Filme gedreht,
aber nach der Wende entwickelte sich Babelsberg zu
einem international begehrten Drehort. Die Amerikaner standen Schlange, um dort ihre Blockbuster zu
produzieren. Im Internet habe ich gelesen, die Stuntmänner würden dort am Wochenende Führungen für

Touristen abhalten. Also fuhren wir mit Jana am Samstag nach Babelsberg, wo bereits ein paar Stuntmänner auf die Touristen warteten. Wir kamen ins Gespräch. Der eine Stuntman war für Feuereffekte zuständig, der andere kannte sich gut im Labyrinth des Geländes aus.

Der Feuerwerker erzählte mir, sie hätten in letzter Zeit viel Arbeit, vor allem weil die amerikanischen Studios immer öfter ihre Drehs nach Deutschland verlagerten. Dabei bevorzugten sie Endzeitproduktionen – Zombie-Alarme oder Terrorangriffe. Dafür war Deutschland, vor allem Babelsberg, genau der richtige Ort. Die Technik hier war auf dem neuesten Stand, und gleichzeitig waren viele schöne Ruinen und verlassene Fabriken aus der DDR-Zeit vorhanden. Zombies muss man in Potsdam auch nicht lange suchen, man fand jede Menge Komparsen für ein Kleingeld.

Zur Zeit unseres Besuchs drehten die Amerikaner gerade eine neue Folge von *Homeland* in Babelsberg, eine populäre Serie des amerikanischen Produktionsunternehmens Fox, erzählte der Feuerwerker. Es ging um mutige CIA-Agenten im Kampf gegen den Terror. In den letzten Folgen hatte die Handlung in Afghanistan und Pakistan stattgefunden, jetzt war Syrien an der Reihe. Und wo könnte man den Krieg in Syrien besser nachdrehen als in Potsdam?

In einer DDR-Ruine wurden Drohnenangriff und

Bombardierung gefilmt. Die zivile Bevölkerung, die auf Befehl der Regie laut schreiend aus zerbombten DDR-Fabriken rannte, sollte von original syrischen Flüchtlingen gespielt werden, und davon gab es in Berlin jede Menge. Achtzig Euro pro Drehtag bekam ein Komparse, warmes Essen zwei Mal am Tag noch dazu, erzählte mir der Feuerwerker.

Ich fand die Idee ziemlich pervers, dass echte syrische Kriegsflüchtlinge in Deutschland in einer amerikanischen Filmproduktion noch einmal ihre Vertreibung und Flucht, diesmal aber gegen Gage, nachspielten. In was für einer skurrilen Welt lebten wir eigentlich?

»Ach was«, meinte der Feuerwerker. »In Wahrheit ist die Welt noch viel skurriler, als du dir denken kannst.« Denn viele Syrer seien beim Casting durchgefallen, sie sahen den Amerikanern nicht arabisch genug aus. Die Amerikaner haben für die Massenszenen dann Kosovoalbaner genommen, die sich als die besseren Syrer erwiesen. Sie sahen irgendwie viel arabischer und unrasierter aus und verstanden die Anweisungen der Regie auch besser. Also wurden die Kosovoalbaner zu den besseren Syrern in *Homeland*, sehr zum Ärger der echten Syrer, die sich sowieso in der falschen Kulisse fühlten. Sie hatten nämlich ein ganz anderes Bild von Deutschland gehabt, als sie hierherkamen. Ein Bild, das wahrscheinlich ebenfalls aus amerikanischen Filmen stammte.

Die amerikanischen Filmemacher waren dagegen vom Standort Babelsberg mehr als begeistert: »Wenn wir gewusst hätten, dass ihr hier in Berlin und Potsdam eine solche Flüchtlingsvielfalt habt, hätten wir die Afghanistan- und Pakistan-Episoden ebenfalls hier gedreht«, meinten sie.

Ich war auch einmal Komparse gewesen und habe vor langer Zeit auf dem Babelsberger Gelände in einem amerikanischen Film mitgespielt. Das erzählte ich dem Stuntman voller Stolz. *Enemy at the Gates* hieß der Film. Genau genommen habe ich drei Tage lang beim Nachdreh des Happy Ends mitgemacht. Ich saß mit einer Flasche Coca-Cola in der Hand auf einem Panzer.

»Das kann nicht wahr sein«, jubelte mein Gegenüber. Er hatte nämlich genau bei diesem Film seine Karriere als Kaskadeur begonnen.

Wir konnten uns nicht aneinander erinnern. Es war auch schon fast zwanzig Jahre her. Genau genommen war dieser Film eine hiesige Produktion, mit der die europäischen Produzenten Amerika und den Rest der Welt beeindrucken wollten. Doch das aufgeblasene Amerika hat den Film damals nicht gekauft: »Zu wenig Blut«, sagten die Amerikaner. »Zu wenig schöne blonde Frauen, zu wenig Leiden.« Außerdem endete die Liebesgeschichte des Films in einer Sackgasse: Die Hauptverliebten kamen am Ende nicht zusammen, sondern vollkommen auseinander. Der Film hatte kein Happy End, und die US-Verleiher meinten, so etwas Deprimierendes würde in Amerika keinen Erfolg haben: »Das können wir unseren gestressten Landsleuten nicht antun. Das Leben in Amerika ist sowieso schon schwer genug. Von einem Film wird deswegen mehr Happiness erwartet.«

Drei Tage hatten die Euro-Filmemacher daraufhin Zeit, um die Fehler zu beseitigen und den Film doch noch amifreundlich zu gestalten. Für die großen Massenszenen wurden damals russisch aussehende Menschen für sechzig DM Tagesgage angeheuert, um bei der Schlacht von Stalingrad sowjetische Soldaten zu spielen. Viele Russen sind damals – so wie jetzt die Syrer – beim Casting durchgefallen, weil sie nicht russisch genug aussahen. Kaukasier, Dagestaner, Armenier und Juden gaben die besseren Russen ab. Auch beim Casting der Deutschen gab es Probleme. Das Aussehen vieler Bürger entsprach nicht den Erwartungen der amerikanischen Filmemacher: Nach amerikanischer Vorstellung sollten die Deutschen von blonden Bestien mit blauen Augen gespielt werden, in der Realität trugen viele eine Glatze und eine Brille. Bei den Russen erwartete man mehr Wildes: Dunkelhaarig und unrasiert sollten sie sein. Eigentlich hätten die Kosovoalbaner auch die besseren Russen abgegeben, so wie sie jetzt die Syrer spielten.

Der durchschnittliche Amerikaner reist nicht viel, und wenn er auf Reisen geht, dann meist innerhalb der Grenzen des eigenen Landes. Amerika hat viele Sehenswürdigkeiten zu bieten, die Niagarafälle, das Weiße Haus und Ähnliches. Woher sollen seine Einwohner wissen, wie es draußen aussieht? Für das Weltbild ist Hollywood zuständig, und das weiß genau, wie die Welt aussieht: dunkelhaarig und unrasiert. Deswegen sind die Kosovoalbaner zu perfekten Komparsen geworden, ob bei der Zombie-Apokalypse oder in *Homeland*.

Damals vor zwanzig Jahren gab es sie in Babelsberg noch nicht, aber mich gab es schon. Ich hatte lange schwarze Haare und einen Schnurrbart, rasierte mich selten und sah wie ein Albaner aus. Ich gab also den perfekten russischen Soldaten ab. Mein Job war es, für sechzig DM pro Drehtag drei Tage auf dem Panzer zu sitzen. Die anderen Russen, die durch das Casting gekommen waren, hatten schon im Jahr zuvor fast ausschließlich von Dreharbeiten gelebt, die für sie ein Zubrot zur Sozialhilfe geworden waren. Als der Dreh beendet war, herrschte große Trauer in der russischen

Gemeinde. Aber aufgrund der amerikanischen Änderungswünsche hatten viele in Berlin lebende Russen plötzlich erneut einen Job.

Die Casting-Agentur quälte sich fürchterlich. Sie hatte es nicht leicht, schließlich musste sie in kürzester Zeit 600 Russen zusammenkratzen, und zwar nicht irgendwelche, sondern Happy-End-taugliche Exemplare. Besonders begehrt waren einbeinige Männer, Invaliden und junge blonde Frauen. Viele Freundinnen von mir wurden angerufen. Die Mädchen berichteten mir von skurrilen Gesprächen:

»Sind Ihre Haare echt blond oder gefärbt?«

»Das ist doch egal, dafür sind meine Augen saublau.«

Die große Happy-End-Drehwoche in Babelsberg war ein einziger Zirkus. Immer neue Busse brachten Invaliden, blonde Studentinnen und kampferprobte junge Männer an den Drehort. Auch viele Türken waren dabei, die in den entsprechenden Kostümen russischer als die Russen aussahen. Die Einbeinigen mussten ihre Prothesen abgeben, dann wurden ihre Stümpfe mit roter Lebensmittelfarbe besprüht. Trotzdem sahen sie immer noch zu europäisch aus – gepflegt und kultiviert. »Mehr Blut!«, verlangte die Regieassistenz. Zum Schluss kriegten auch noch die gesunden Männer tolle Wunden verpasst. Ich bekam ein riesengroßes Loch in den Bauch, als wäre ich von einer Panzerfaust getroffen worden. Ein anderer Statist musste die ganze Zeit auf einer Tragbahre mit dem Katheter in der Hand liegen und laut stöhnen. Dabei sollten alle schwer verletzten Rotarmisten trotzdem froh und munter aussehen: Immerhin war gerade die größte Schlacht gewonnen worden und der Krieg schon fast zu Ende.

Dann wurden die Waffen verteilt: Es gab zwanzig Maschinengewehre, die mit Platzpatronen geladen waren, und einen echten sowjetischen Panzer. Alle Mitwirkenden, die ein Maschinengewehr bekommen hatten, mussten zur Sicherheit ihre Pässe abgeben. Wahrscheinlich, weil die Filmproduzenten befürchteten, dass wir mit dem Panzer und den Waffen aus Potsdam abhauen und Brandenburg in ein neues Stalingrad verwandeln würden.

»Es geht los!«, rief die Regieassistenz. »Ich bitte um eine festliche Stimmung – mehr Freude!«

Künstlicher Schnee fiel aus großen Schläuchen vom Himmel auf uns nieder und verwandelte sich schnell in eine Art Gummimatsch. Die Russen standen um den Panzer herum, ballerten in die blaue Luft, schrien »Hurra! Hurra!« und irgendetwas auf Russisch. Die Invaliden zeigten stolz ihre blutigen Wunden und lächelten milde. Ich tanzte auf dem Panzer Rock'n'Roll. Der Mann mit dem Katheter in der Hand bekam noch ein

Akkordeon und musste singen. Der einzige professionelle deutsche Schauspieler, der dabei war – ein Mann Mitte vierzig mit Glatze und strengem Gesichtsausdruck –, hatte eine wichtige Mission zu erfüllen: Mit konzentriertem Blick setzte er die Mündungskappe auf die Panzerkanone, und das immer wieder aufs Neue. Dies sollte das Ende des Krieges symbolisieren. Danach mussten sich alle um ein großes Lagerfeuer versammeln, wo sie mit Tanz und Gesang zahlreiche Wehrmachtsflaggen verbrannten. Diese brannten unglaublich schnell ab – innerhalb von wenigen Sekunden verwandelten sie sich in Asche. Die Statisten machten sich schon Sorgen, dass ihnen die Requisiten ausgehen würden, obwohl die Szene noch gar nicht im Kasten war. Aber die Regieassistenz beruhigte sie: »Keine Bange! Wir haben hier einen ganzen Lkw voll mit diesem Zeug stehen. Gott sei Dank sind wir in Deutschland.«

Ich habe noch immer ein Foto aus dieser Zeit, auf dem ich mit einem gemalten Loch im Bauch und einer Flasche Cola in der Hand auf einem Panzer sitze. Meine Kinder fragten schon mehrmals auf dieses Foto zeigend, ob es sich um ein Bild aus dem Ersten oder dem Zweiten Weltkrieg handle. Es wird immer schwieriger, die Realität von der Traumwelt zu unterscheiden.

Meiner Cousine hat es in Babelsberg nicht gefallen. Sie sprach kein Deutsch und konnte deswegen an dem spannenden Gespräch nicht teilnehmen.

Der Integrationslehrer

Die großen Flüchtlingswellen haben aus unserem Aquarium ein Meer gemacht. Immer neue, interessantere Fische kommen aus der Tiefe an die Oberfläche, das Boot schaukelt gewaltig, und es werden neue Matrosen gebraucht, um es im Gleichgewicht zu halten. In diesem unruhigen Meer haben viele Freunde von mir eine neue berufliche Karriere angefangen. Mein Freund Schlomo, ein orthodoxer Jude aus Hamburg, ist Integrationslehrer geworden. Von Montag bis Freitag erzählt er einer kleinen, aus sieben Syrern bestehenden Gruppe, worauf es im Leben in Deutschland ankommt. Was Toleranz und gegenseitiger Respekt bedeuten, wie man in Deutschland mit Frauen umgeht, mit Religion, mit Alkohol, mit Nachbarn einer anderen geschlechtlichen Orientierung.

Am Anfang hatte er Bedenken, ob die Syrer ihn mochten. Es war nicht auszuschließen, dass sie Antisemiten waren. Gleich in der ersten Stunde wedelte er heftig mit seinem orthodoxen Bart, stellte sich vor und fragte, ob die Anwesenden ein Problem mit seinem Glauben hätten. Die sieben Syrer hatten damit kein Problem. Sie hatten alle Bärte, obwohl manche von ihnen laut ihren Papieren noch im schulpflichtigen Alter waren. Doch die Jungs im Süden bekommen ihre Hipsterbärte deutlich früher als die europäische Jugend, die Syrer sahen daher dem Integrationslehrer Schlomo nicht unähnlich.

Sie gaben sich große Mühe im Unterricht. Alle sieben hatten das Glück, von den deutschen Behörden einen Orientierungskurs für junge Erwachsene gesponsert zu bekommen. Sie wussten ihr Glück zu schätzen und behandelten Schlomo so sorgsam, als wäre er ihr Schneewittchen. Sie machten fleißig Hausaufgaben, kamen immer zehn Minuten zu früh zum Unterricht und waren stets so frisch geduscht, gebügelt, gekämmt und parfümiert, als gingen sie nicht zur Schule, sondern zu ihrer Hochzeit. Sie hörten Schlomo aufmerksam zu, nur wenn ihre Smartphones sich meldeten, mussten sie rangehen. Das passierte etwa alle zehn Minuten. Ständig klingelte es bei einem der Syrer in der Tasche, und er skypte mit der Heimat. Das WLAN funktionierte in der Integrationsschule so einwandfrei, dass der Unterricht zur Internetbrücke in die Heimat wurde. Und jedes Mal hörten alle mit, wenn einer angerufen wurde, schließlich könnte ja etwas allgemein Wichtiges dabei sein.

Und so verbrachte die Gruppe nur einen Teil des Unterrichts in Deutschland und den anderen bei sich zu Hause. Manchmal riefen Mütter an und erzählten, was sie gerade gekocht hatten. Manchmal sah man auf einem Bildschirm wütende schnurrbärtige Männer, die schrien. Was sie genau schrien, wusste der Integrationslehrer nicht. Er bildete sich ein, sie würden seine Jungs einschüchtern wollen und islamistische Propaganda betreiben:

»Was macht ihr da in Deutschland, ihr feigen Verräter! Kommt sofort zurück, brennt eure Integrationsschule nieder, sonst bringen wir eure Familien um!«, so stellte sich Schlomo den Inhalt dieser Schreiereien vor.

Die Syrer übersetzten nicht alles, was sie hörten. Mein Freund war verzweifelt. Ihm wurde klar, dass das Skypen im Unterricht von der Integrationslehre ablenkte. Man sollte das WLAN eigentlich ausschalten. Andererseits – wie konnte er Menschen verbieten, mit einem Kriegsgebiet in Verbindung zu bleiben, in dem sie Verwandte, ihre Familien und Freunde hatten, die sie unter Lebensgefahr quasi direkt von der Front anriefen? Nur war es natürlich schwierig herauszufinden, wofür diese Krieger tatsächlich kämpften und auf wessen Seite sie standen.

Mein Freund wunderte sich über die gute Internetverbindung zum Nahen Osten. Überall in Syrien schien das Internet gut zu funktionieren, sogar in den vom Islamischen Staat besetzten Gebieten. Seine Schüler erklärten Schlomo die Lage: Der Islamische Staat hielt das Internet für ein Werkzeug des Teufels, extra von den Amerikanern erfunden, um den Gläubigen ihre Seele zu rauben. Aber der Staat blockierte es nicht. Auf die Nutzung des Internets stand die Todesstrafe, es sei denn, das Netz wurde benutzt, um Gottes Willen zu verkünden und die Botschaft des Korans zu verbreiten. Dafür machte der Staat eine Ausnahme.

Wie in jedem Unrechtsstaat wurde auch in diesem die Strenge der Gesetze durch den laschen Umgang mit ebendiesen ausgeglichen. Jeder konnte leicht ins Netz gehen und dafür theoretisch bestraft werden, musste es aber nicht. So wurde das Internet in den besetzten Gebieten zur größten Versuchung. Anders als Alkohol oder Zigaretten gab es WLAN fast überall. Wenn Toleranz und gegenseitige Achtung zu den europäischen Grundwerten gehörten, könnte der Integrationslehrer dann nicht ein Auge zudrücken und sie in Ruhe mit ihrem Zuhause skypen lassen?, fragten die sieben Syrer den Lehrer.

Der Integrationslehrer ging mit dem Beispiel der Toleranz voran. Er erlaubte das Skypen während des Unterrichts, aber nur, wenn man aus einem vom IS besetzten Gebiet angerufen wurde, wenn also Menschen, die anklopften, dies unter Todesgefahr taten. Alle anderen Eingriffe ins Netz, das Herunterladen von Frauenbildern oder Musik, Anrufe innerhalb Deutschlands oder der EU wurden verboten.

Die Klasse skypte offen – mit dem Lehrer zusammen. Es war eine spannende Erfahrung. Einmal klagte der ältere Bruder eines Integrationsschülers per Skype, er habe große Sehnsucht nach ihm. Ihr anderer Bruder sei vor Kurzem bei einem Bombenangriff der Amerikaner umgekommen, er habe sich nicht rechtzeitig ducken können, erzählte der junge Mann mit Schnurrbart. Er wünsche sich nun von ganzem Herzen, der kleinere Bruder würde zurückkommen und mit ihm zusammen beim Heiligen Krieg mitmachen.

»Komm lieber du nach Deutschland!«, rief der Integrationsschüler von Hamburg aus seinem älteren Bruder zu, der zärtlich seine Kalaschnikow umarmte und ins Telefon lächelte.

Schlomo hat sich bei diesem Vorstoß seines Schülers unwohl gefühlt. Er hielt es für keine gute Idee, dass der ältere Bruder nach Deutschland kam. Er solle lieber da bleiben, wo er war, hier seien sowieso alle Integrationskurse für junge Erwachsene längst vergeben, meinte er.

»Deine Mutter vermisst dich!«, ließ der bewaffnete Bruder nicht locker.

Plötzlich erschien die Mutter auf dem Bildschirm: »Hör nicht auf diesen Blödkopf«, sagte sie. »Bleib in Deutschland, lern einen anständigen Beruf, bau ein Haus. Wenn der Krieg vorbei ist, kommen wir dich besuchen.«

Gott muss ein Zuckerbäcker sein

In einem kleinen Kurort an der Ostsee rettete ich mich vor dem Regen in das Haus des Gastes. Dort fand gerade eine Infostunde für Flüchtlinge statt, und rüstige Rentner halfen den jungen Neuankömmlingen, Formulare und Anträge auszufüllen. Gleichzeitig lief im Haus des Gastes eine sehr schöne Fotoausstellung: »Die Frauen des Ostens«. Frauen hingen an jeder Wand und an jeder Säule, sie hatten Dauerwellen, sie lächelten, und sie waren alle splitternackt. Der Fotograf, der sein äußeres Erscheinungsbild – eine Mischung aus Sandmännchen und Gartenzwerg – sorgfältig pflegte, war selbst anwesend. Wir kamen ins Gespräch. Der glückliche Mann hatte es sich in den Siebzigerjahren in der DDR zum Beruf gemacht, alle Strände nach schönen unverhüllten Bürgerinnen abzusuchen. Er hatte durch seine Berufsausübung sicher viele interessante Menschen kennengelernt und tolle Erfahrungen gesammelt. Jetzt, in seiner Sandmännchen-Phase, stellte er die Fotos aus.

Schon früher hatte ich bemerkt, dass die Nacktheit des Ostens besonders nackt war. Sie hatte mit der westlichen legeren egoistischen Nacktheit nichts zu tun. In der DDR konnten sich die Menschen viele Freiheiten nicht leisten, die ihre westdeutschen Brüder und Schwestern für selbstverständlich hielten. Sie konnten ihre Regierung nicht abwählen, sie konnten nicht rund um die Welt reisen, sie konnten ihre Gedanken nicht frei äußern. Aber niemand hinderte sie daran, an den Stränden der Ostsee nackig in die Wellen zu springen und in den Sand zu fallen. Es war ihr persönliches Woodstock, ein mutiger Schritt der Befreiung. Zumindest in diesem Punkt waren sie genauso frei und konnten dem Westen auf Augenhöhe begegnen, dachten die Bürger der Deutschen Demokratischen FKK-Republik.

Als die Wiedervereinigung kam, wollten sie sich von ihrer besten, freiesten Seite zeigen. Am liebsten hätten sie den herannahenden Westen nackt an der Grenze empfangen. Später waren sie verwundert und enttäuscht, wie bieder und prüde die Wessis waren, viel verklemmter als in Woodstock. Diese Gedanken teilte ich mit dem Fotografen.

»Die Wessis hatten da eine andere Theorie«, erzählte er. »Sie glaubten, die Ossis hätten nackt gebadet, weil ihre Wirtschaft nicht imstande war, anständige Badeanzüge zu produzieren. Also machten sie aus der Not eine Tugend.«

»Und wie reagieren die Flüchtlinge, wenn sie deine Nackten sehen?«, fragte ich ihn.

»Sie machen die Augen zu und gehen weiter«, meinte er. »Einige sind deswegen schon gegen eine Säule gelaufen. Die Frauenbilder sollen jetzt länger hängen bleiben als eine Art Erziehungsmaßnahme, damit die Flüchtlinge sich an die nackten Tatsachen ihrer neuen Existenz gewöhnen können. Wer weiß, vielleicht gehen sie eines Tages selbst nackt baden. Das ist sicher für alle eine Herausforderung, aber wir schaffen das«, erzählte der Fotograf.

Ich schüttelte nur skeptisch den Kopf. Die Deutschen suchen immer und überall nach Herausforderungen, die sie »schaffen« wollen. Auch die deutschen Kurorte sind Herausforderung pur. Ob an die Nordsee oder Ostsee – hierher kommen Menschen, die bereit sind, sich selbst bei Regen und Wind, von Quallen und Seegras umgeben, mit voller Wucht ins kalte Wasser zu schmeißen, das ihnen kaum bis zum Knie reicht. Splitternackt unter dem grauen tiefsitzenden Himmel hören sie zitternd, wie die Götter über sie lachen.

Auf Rügen gab es aber noch andere Herausforderungen als das Wetter. Hier herrscht Arbeitskräftemangel, denn die Menschen, die dort leben, vermieten lieber Omas Häuschen als Ferienwohnung im Sommer und holen sich Hartz IV im Winter, statt für wenig Geld rund ums Jahr arbeiten zu gehen. Im Westen, auf der Insel Sylt, ist der Arbeitskräftemangel sogar noch gravierender. Die Insel ist mittlerweile eine schwimmende Immobilienblase. Viele Einheimische haben ihre Hütten für großes Geld verkauft und sind aufs Festland gezogen, wo sie von dem Gewinn in Saus und Braus leben können. Ihre Inselhütten werden von reichen Rentnern gekauft, die ihren Lebensabend in romantischer Umgebung zwischen Sanddorn-Plantagen an einem FKK-Strand verbringen wollen.

Aber irgendjemand muss auch hier arbeiten: Pizza ausliefern, Straßen fegen, Autos reparieren. Die Sylter haben die Syrer geholt und das Projekt »Festmachen auf Sylt« ins Leben gerufen, in dessen Rahmen Flüchtlinge eine Ausbildung auf der Insel bekommen, die Sprache und einen Beruf erlernen. Die Einheimischen meinen es ernst, es gibt sogar einen Integrationslehrer, der den Neuankömmlingen erzählt, was sie tun müssen, wenn sie auf einen FKK-Strand geraten: einfach Augen zu.

Mein Freund, ein Hoteldirektor auf Rügen, wollte die westlichen Erfahrungen ebenfalls nutzen und stellte einen syrischen Konditor ein, einen gelernten Zuckerbäcker aus Damaskus.

»Wie schön!«, freute sich der Hoteldirektor. »Wir machen ein syrisches Dessert.« Er befahl seinem überwiegend polnischen Küchenpersonal, dem Zuckerbäcker jede erdenkliche Hilfe zukommen zu lassen.

Es war ein Riesendesaster. Das Hauptproblem des Zuckerbäckers war die völlige Abwesenheit irgendwelcher Sprachkenntnisse. Er konnte kein Wort Englisch und kein Wort Deutsch, vom Polnischen ganz zu schweigen. Das Küchenpersonal wiederum konnte nicht Arabisch. Fünf Tage lang versuchte der syrische Zuckerbäcker, seine Süßspeise stumm zu kreieren, dabei geriet sie zu süß und wurde von den zu salzigen Urlaubern nicht gut angenommen. Am sechsten Tag erschien der Zuckerbäcker nicht mehr zur Arbeit. Sicher war er beleidigt.

Menschen, die an Gott glauben, denken, ihr Gott hat immer einen Plan für sie. Vielleicht ist Gott ein Hobbykoch, der immer auf der Suche nach neuen interessanten Kreationen ist? Nicht umsonst hat er die zu süßen Speisen des Orients und die zu salzigen Menschen der Ostsee zusammengefügt. Was ist der Sinn dieses schier teuflischen Plans? Das werden wir wahrscheinlich nie herausfinden. Deswegen: Augen zu. Und durch.

Ein Haus am See

Eine richtige Tanzparty klappt nur, wenn der DJ selbst gute Laune hat und nicht mit dem ernsten Gesicht eines Musiklehrers hinterm Pult steht, sondern feiert, wie ein Wilder herumspringt, mitsingt und mittanzt. Deswegen mache ich meine Russendisko nur noch selten. Ich bin von Natur aus ein ruhiger Mensch, der nicht jeden Tag wilde Orgien feiern kann. Seit ich ein Haus am See in Brandenburg bewohne, bin ich sogar noch ruhiger geworden. Hier auf dem Land haben die Menschen keine Eile. Eine halbe Ewigkeit kann vergehen, bis dir jemand »Wie geht's?« hinterherruft.

Ich habe meine DJ-Auftritte inzwischen auf das Unvermeidliche reduziert, das heißt, ich lege nur noch dort auf, wo ich nicht nein sagen kann. Beispielsweise im Casino von Baden-Baden, wo Dostojewski einst seine Schriftstellerhonorare verspielte und heute ab und zu reiche Russen den Kapitalismus am Roulettetisch herausfordern. Oder in einem soziokulturellen Zentrum in Düsseldorf, das mich vor zwanzig Jahren mit der Russendisko eingeladen hatte, als die meisten Veranstalter noch Angst vor Russen und ihrer Musik hatten.

Regelmäßig veranstalte ich auch eine Disko bei meinem Freund Norbert in seinem kleinen Club in Rheinland-Pfalz, weil der Mann mich mit seinen unglaublichen Geschichten fasziniert. Norbert hat eine esoterische Ader, er scheint stets umgeben zu sein von temperamentvollen Frauen und egozentrischen Männern, die ganz ernsthaft alles über sich und die Welt herausfinden wollen. Zu diesem Zweck treffen sie sich an allen möglichen unscheinbaren Ecken Deutschlands, organisieren tantrische Workshops und experimentieren mit kosmischer Energie. Sie atmen zusammen, oder sie wälzen sich in warmem Öl und tauschen Träume aus. Diese Menschen haben Chakren, sechs oder sieben Stück, an allen Stellen ihres Körpers. Wenn sich diese Chakren öffnen, können sie kosmische Energie direkt an der Quelle zapfen und werden zu Energiebomben. Mein Freund hat durch viel Übung permanent alle Chakren offen. Er ist auf diesem hinduistisch-tantrischen Lebensweg sehr weit gekommen und hat dabei seine Frau, eine schöne verständnisvolle Spanierin, stets mitgeschleppt. Manchmal schimpft seine Frau trotzdem, wenn der Mann zu doll überschnappt oder bei der Russendisko bis zur Decke springt. Sie schimpft allerdings auf Spanisch, eine Sprache, die weder ihr Mann noch ich verstehen.

Norbert hat dank der Teilnahme an vielen Tantra-Workshops und großen Vorräten an kosmischer Energie übernatürliche Fähigkeiten entwickelt. Er kann drei Mojitos innerhalb einer Minute austrinken und nahezu das gesamte Russendisko-Programm mitsingen, obwohl er kein Wort Russisch versteht. Normalerweise öffnen sich auch bei mir nach fünf Mojitos die Chakren megabreit, und auf einmal verstehe ich sogar Spanisch und kann mit der Frau meines Freundes über den Sinn des Lebens diskutieren. Eigentlich sprechen die Mojitos in mir Spanisch, ich bin nur der Vermittler, der ihnen Gehör verschafft:

»Schau hin!«, sagen die Mojitos in mir. »Der Planet gehört uns allen, das Leben war ursprünglich als Party gedacht, und wir Menschen waren alle eingeladen. Aber statt uns darüber zu freuen, haben wir uns alle Mühe gegeben, diese Welt in Eigentum und Immobilien zu verwandeln, Grenzen zu ziehen, Kriege zu führen und damit die Partystimmung zu versauen. Wir müssen zurück zu unseren Wurzeln, die Einladung zur Party endlich wahrnehmen.« So sprachen die Mojitos.

»Das Leben ist nicht nur Party«, kontert die spanische Frau. »Es gibt eine Zeit davor und eine danach, die sich oft durch Kopfschmerzen auszeichnet. Man muss die Folgen seines Tuns bedenken. Und komm bitte runter vom Tresen, der ist nass. Wenn du runterfällst, haben wir ein Problem.«

An dieser Stelle überschwemmt mich in der Regel große Dankbarkeit der Welt gegenüber, die mich mit solch tollen Menschen zusammengeführt hat, und ich fange an, sie alle zu mir nach Brandenburg einzuladen.

»Ach, Brandenburg«, sagte Norbert. »Da waren wir vor Kurzem im berühmten Tantra-Tempel in Waldlitz.«

Als ich das hörte, bin ich beinahe vom Tresen gefallen, auf dem ich tanzte. Die Ortschaft Waldlitz ist dreihundert Meter Luftlinie von meinem Haus entfernt auf der anderen Seeseite. Ich kenne dort alle Häuser. Viele sind es nicht. Es gibt eine alte Kirche, ein Denkmal für die im Ersten Weltkrieg gefallenen Soldaten, eine alte Gaststätte und einen Laden mit dem Namen »Schnitzelparadies«, in dem kein Mensch je etwas isst. Vielleicht ist der Name bloß Tarnung?, dachte ich.

»Wie heißt dieser Tantra-Tempel denn offiziell«, fragte ich Norbert. »Nicht zufällig ›Schnitzelparadies‹?« Ich wollte unbedingt wissen, wo sich der Liebestempel versteckte.

Seit acht Jahren in Brandenburg ansässig, wusste ich bereits, dass das ruhige Leben auf dem Land trog. Es gab jedem das Gefühl, vollkommen unsichtbar für die große Welt unter vier Augen mit der Natur allein zu sein. »Sei endlich du selbst, lebe ohne Rücksicht auf andere«, flüstern dir die Bäume und der Wind zu. »Ob du den ganzen Tag nackt auf dem Kopf stehst und dabei sowjetische Hymnen singst, niemand wird sich über deinen Kopfstand wundern. Nur der einsame Adler am Himmel, der über deinem Haus kreist, und vielleicht noch der fleißige Maulwurf, der unterirdische Gänge in deinem Garten gräbt, würden sich vielleicht kurz wundern. Aber die erzählen es nicht weiter.«

Das ist jedoch, wie gesagt, eine trügerische Sichtweise. In Wahrheit ist der Mensch fremden Blicken nirgends so ausgesetzt wie auf dem Land. Alle sind hier viel aufmerksamer ihren Nachbarn gegenüber als in einer Großstadt. Wenn an einem Ende des Dorfes einer niest, wird bereits zwei Minuten später am anderen Ende über die Gründe für seine plötzliche Erkältung spekuliert. Wie die Informationen fließen, habe ich noch nicht herausgefunden. Vielleicht leben die Dorfbewohner mit dem Adler und dem Maulwurf in Symbiose und nutzen sie als Spione. Oder sie haben bessere Augen und Ohren als Großstädter und können durch Wände hören und sehen. Umso ärgerlicher fand ich es, dass ich einen Liebestempel direkt vor meiner Nase nicht erkannt hatte.

Zu Hause googelte ich. Ich gab die Begriffe »Waldlitz« und »Tantra« ein. Als oberster Treffer kam nicht das Schnitzelparadies, das ich eigentlich in Verdacht gehabt hatte, sondern das Bild der alten Gaststätte, die seit Jahrhunderten im Besitz der Familie Krause war, einem Rentnerpaar, das seine Gaststätte für Feste und Geburtstage vermietete – oder für Unterrichtsklassen. In der alten Gaststätte hatten zum Beispiel unsere Brandenburger Syrer in den ersten Wochen Deutsch gelernt. Ich war verblüfft. Wie hatte es passieren können, dass ich acht Jahre lang gegenüber von einem solchen Liebestempel gewohnt und nichts davon mitbekommen hatte? Nicht einmal einen Schrei des Verlangens um Mitternacht? Ich gebe zu, es standen immer wieder einmal komische Menschen vor der Gaststätte, aber in Brandenburg stehen und sitzen überall komische Menschen. Einmal stand eine Gruppe von Menschen hinter der Gaststätte unter einer alten Linde im Kreis, alle hatten die Köpfe nach unten gerichtet und umarmten sich. Herr Krause, der vor dem Haus saß, erklärte auf meine Frage, es sei wohl eine Geburtstagsfeier gewesen, alte Freunde, die sich auf diese Art nun verabschiedeten. Als ich drei Stunden später wieder vorbeikam, waren sie noch immer dabei, sich zu verabschieden. Sie standen noch immer in der gleichen Pose im Kreis und schwiegen.

Alle im Dorf hatten Bescheid gewusst, nur ich und

wahrscheinlich die Syrer nicht. Die Inhaber vermieteten ihren Gasthof seit vielen Jahren an Vereine, die nicht unbedingt große öffentliche Präsenz anstrebten. Sie hatten für diese Vereine Schwitzhütten gebaut und große Matten ausgelegt, wo zwanzig Menschen nebeneinanderliegen konnten. Es gab jedes Wochenende Workshops für Menschen, die ihre Chakren dringend öffnen mussten, für Menschen, die sich im Dunkeln mit Öl begießen oder die schweigend in der Hocke sitzen wollten, Menschen, die FKK ohne Wasser spielten, Menschen, die durch Handauflegen Gedanken lasen, Menschen, die zusammen atmeten, Menschen, die mit dem Bauch sangen, Menschen, die nebeneinanderlagen, ohne sich anzufassen, Menschen, die lachten, und Menschen, die weinten, Menschen, die sich lange verabschiedeten und trotzdem nicht auseinandergingen.

Und während der Woche hatten auf diesen Matten die Syrer gesessen und Deutsch gelernt.

Projektwoche Flüchtlingshilfe

Das kapitalistische Bildungssystem unterscheidet sich sehr von den sozialistischen planwirtschaftlichen Schulen meiner Kindheit. Damals durften wir als Schüler den Lernprozess nicht mitgestalten. Niemand fragte uns, was wir gerne studieren wollten und was nicht. Alle unsere Lehrbücher waren von der gleichen Hand geschrieben, die Schuluniformen nach gleichem Muster gestrickt. Wir waren in ein totalitäres Schulprogramm eingespannt, alle machten dasselbe im Sportunterricht, und sogar die Essenspläne für die Schulkantine wurden nicht von uns, sondern von ganz oben, wahrscheinlich in einer Sitzung des Politbüros, festgelegt. Nirgends hatten wir eine Wahl.

Das deutsche Gymnasium meiner Kinder gab den Schülern dagegen mehr Freiheiten und Rechte, als sie tragen konnten. Sie mussten nämlich von Kindheit an alles selbst entscheiden. Sie konnten das Essen in der Kantine bestimmen, sie konnten selbst wählen, wohin die Klassenfahrt gehen sollte, und in der 11. Klasse

waren sie sogar ermächtigt, bestimmte Fächer abzuwählen, die sie nicht gebrauchen konnten. Für den
Fall, dass sie das Fach mochten, aber den Lehrer nicht,
durften sie sich durch ein Schüler-Referendum einen
anderen Lehrer wünschen.

Mein Sohn Sebastian nutzte diese Rechte und Frei-
heiten klug aus. Seine Hauptinteressen in der 11. Klasse
der Schule lagen im Bereich Tischtennis, Fußball und
Kantine. Außerdem auf den Gebieten von Geschichte,
Englisch und Kunst. Also versuchte er, alle anderen
Fächer nach Möglichkeit abzuwählen. Am Ende des
Schuljahres, im Juli, war eine Projektwoche geplant.
Auch hier hatte Sebastian die Wahl: Er konnte entweder
an einem Bildungsprojekt zum Thema Museumspäda-
gogik teilnehmen, was bedeutete, jeden Tag ein anderes
Museum zu besuchen und Führungen mitzumachen.
Oder er konnte in der Turnhalle seines Gymnasiums
Flüchtlingshilfe leisten. In der Turnhalle wohnten seit
fast einem Jahr Flüchtlinge aus aller Welt, manche be-
reits in der zweiten Generation.

Mein Sohn überlegte nicht lange und entschied sich
für die Flüchtlingshilfe. Für die Museumspädagogik
hätte er jeden Tag um 10.00 Uhr früh in einem Museum sein müssen, die Flüchtlingshilfe begann dagegen erst um 12.00. Davor waren die Flüchtlinge nicht
wach zu kriegen.

Es gab in der Turnhalle nur wenig Syrer, die mit dem Boot nach Europa gekommen waren. Dafür wohnten hier Menschen aus etlichen anderen exotischen Ländern wie Äthiopien, Moldawien, Rumänien, Afghanistan oder dem Irak. Doch wenn man die vielen Kinder, die auf dem Schulhof spielten, fragte, wo sie herkämen, sagten sie: »Aus der Turnhalle.« Für viele von ihnen war die Turnhalle zur Heimat geworden. Manche hatten hier laufen, sprechen oder Fahrrad fahren gelernt. Die Fünfjährigen sprachen auch passables Deutsch, während ihre Eltern noch nicht so weit waren.

Mein Sohn mochte die Flüchtlingskinder lieber als die herkömmlichen. Er ging mit den kleinen Irakern auf den Kinderspielplatz und nannte sie stolz »meine Kinder«.

»Deutsche Kinder sind so verwöhnt, sie quengeln die ganze Zeit: ›Mama, Mama, soll ich schon wieder zum Sandkasten, hast du nicht was Süßes für mich, ich will keine Vanille, ich will nur Schokolade…‹«, erzählte Sebastian.

Oft beobachtete er unmögliche Szenen: Deutsche Mütter, die im Sandkasten saßen wie alt gewordene Aschenputtel, und für ihre Sprösslinge weiße Gummibärchen von grünen und gelben trennten: »Weil es Kinder gibt, die nur weiße Gummibärchen mögen, solche Pussis sind das!«, regte sich mein Sohn auf. »Und meine Kinder haben Eier«, meinte er. »Wenn Sandkasten angesagt ist, springen sie rein, ohne zu quatschen. Wenn es Süßes gibt, wird sofort geteilt und gegessen. Gummibärchen werden gleich päckchenweise geschluckt, ohne Rücksicht auf die Farbe. Und sie heulen fast nie. Selbst wenn sie vom Fahrrad fallen, stehen sie auf und fahren weiter. Nur wenn sie ihre älteren Brüder sehen, bekommen sie manchmal schlechte Laune. Das liegt aber an den Besonderheiten der irakischen Erziehung«, erfuhr ich von meinem Sohn.

Vier Jungs aus Moldawien, die sich mit dem russischen Türsteher angefreundet hatten, schimpften auf Russisch über ihr Heimatland. Als sie erfuhren, dass Sebastian auch Russisch konnte, machten sie ihn zu ihrem persönlichen Dolmetscher. Der Türsteher erzählte Sebastian ebenfalls auf Russisch, er sei in seinem früheren Leben selbst Lehrer gewesen, er habe Mathematik und Physik in einer Kleinstadt an der Wolga unterrichtet. Aber fürs Leben habe ihm dieser Beruf nichts gebracht. Als Lehrer komme man in Russland nicht weit, deswegen sei er nach Deutschland ausgewandert und hier Türsteher geworden. Wenn aber Sebastian Nachhilfe in Mathematik brauche, sei er immer bereit zu helfen.

Jeden Tag meldeten die Flüchtlinge neue Sporterfolge. Die Iraker in der Turnhalle spielten unheimlich gut Tischtennis, die Afghanen trainierten auf dem einzigen vorhandenen Skateboard, die Syrer hatten ein Fahrrad, und alle spielten gegeneinander Fußball. Mein Sohn blühte bei der Flüchtlingshilfe geradezu auf. Er spielte mit den Irakern Tischtennis, den Afghanen zeigte er einige seiner Tricks auf dem Skateboard, mit den Syrern spielte er Fußball, und mit den Flüchtlingskindern baute er Wasserbomben aus Kondomen, die in der Turnhalle von einem migrationsfeindlichen Verein verteilt worden waren. Ab 13.00 Uhr gab es warmes Essen: vegetarisches Gulasch, Gemüsebuletten, Reispfanne.

Nach Ansicht der Kinder gab es allerdings zu selten Süßes. Daher beschloss mein Sohn, Schweineohren für die Flüchtlinge zu kaufen, um sie mit seinem Lieblingsgebäck zu verwöhnen. Er kaufte von seinem eigenen Geld in der Bäckerei um die Ecke einen ganzen Sack davon, kam zur Essenausgabe und rief laut: »Nichts schmeckt besser als deutsche Schweineohren! Schweineohren bester Qualität!«

Die Flüchtlinge erlitten einen Schock. Mit großen Augen schauten sie auf das Gebäck mit dem derart teuflischen Namen. Niemand traute sich, die Ohren anzufassen. Sie waren fest davon überzeugt, dass irgendetwas vom Schwein in diesem Gebäck steckte. Also mussten die Moldawier, die Rumänen und der russische Türsteher das Gebäck aufessen.

Trotz seiner Schweineohren schlossen die Kinder Sebastian ins Herz. Besonders die Iraker meinten, er solle sie unbedingt später einmal in ihrer Heimat besuchen. Wer solche fetten Wasserbomben bauen könne, werde dort hoch geschätzt.

Trotz ihrer vegetarischen Diät haben viele Erwachsene in der Turnhalle über den Winter richtig toll zugenommen, aber anders als die Europäer freuten sie sich darüber. Der Schulhausmeister schüttelte nur den Kopf. »Wenn der Krieg vorbei ist und sie nach Hause fahren wollen, passen sie gar nicht mehr in ihr Boot«, meinte er.

»Dann nehmen sie halt zwei Boote«, konterte der russische Türsteher, der noch immer gut in Mathematik war.

Schöne Frau, alles gut

In der Flüchtlingsfrage handelte Merkel wie Tamerlan, dessen wichtigster politischer Grundsatz lautete: Die oberste Pflicht eines Politikers sei es, »das Unvermeidliche rechtzeitig zu erkennen und zu seiner Durchsetzung beizutragen«. Unrecht haben diejenigen, die behaupten, Merkel habe die Flüchtlinge »eingeladen« oder »nach Europa gerufen«. Sie waren schon längst da, sie wurden bloß von der Politik zu spät bemerkt. Nun haben sie das ganze Land durcheinandergewirbelt. Eine solch starke Veränderung der gewohnten Lebensweise, wie sie infolge der Flüchtlingskrise eintrat, habe ich in den 25 Jahren, die ich in Deutschland bin, noch nicht erlebt. Selbst der Mauerfall war eine kleine Nummer dagegen.

Das Neue beunruhigt, doch zur Ehre der Deutschen muss ich feststellen, dass nur wenige in Panik geraten. Keiner heult, und die Flüchtlinge werden immer mehr zu einer europäischen Requisite, sodass sich bald kaum noch einer das Land ohne sie wird vorstellen können. Die Neuankömmlinge haben sich im Bewusstsein der Einheimischen ihren Platz erobert, sie ändern die hiesige Lebensweise und Sprache. Neue Ausdrücke entstehen. Im Neuruppiner Sozialamt spricht man bereits von »syrischem Konfekt«, weil Syrer immer mit kleinen Geschenken kommen, um ihre Sozialhilfe abzuholen.

»Das ist ja wie in der DDR«, sagte eine Beamtin zu mir. Es schien ihr aber zu gefallen. Denn viele deutsche Hilfeempfänger sind schlecht drauf und beschimpfen die Beamten. Syrer sind klüger. Sie vertrauen auf die alte Erfahrung, dass es besser ist, Menschen mit Süßigkeiten zu beschenken, als sie zu beschimpfen.

Mein Hamburger Freund Christian trug zeitweise allerdings statt süßer Geschenke eine Klobürste im Rucksack. Er wohnte damals plötzlich in einem »Gefahrengebiet«, dabei war er gar nicht umgezogen. Sein Viertel, St. Pauli, das für seine lustigen und offenen Bewohner berühmt ist, war als »Lampedusa-Viertel« in die Schlagzeilen geraten und daraufhin von der Polizei zum »Gefahrengebiet« erklärt worden. Die Beamten durften daher die Menschen auch ohne besonderen Grund anhalten, befragen und ihre Identität feststellen.

Natürlich waren die Flüchtlinge daran schuld. Eine Gruppe von ihnen, die zusammen über Italien aus

Libyen nach Hamburg gekommen war, sollte auseinanderdividiert und nach Wirtschaftsflüchtlingen und politisch Verfolgten aufgeteilt werden, weil manche von ihnen ursprünglich aus afrikanischen Staaten stammten, die nach deutscher Auffassung als sichere Drittländer galten. Diese Menschen hatten sich auf dem langen Weg in die Freiheit angefreundet. Die einen wollten auf keinen Fall die anderen im Stich lassen, also haben sie sich zu einer Lampedusa-Initiative zusammengetan und sind in St. Pauli auf die Straße gegangen. Später fanden sie Zuflucht in einer Kirche. Die unternehmungslustigen St.-Pauli-Einwohner, die gerne mitmachen, wenn es darum geht, Unruhe zu stiften und Chaos zu produzieren, sind natürlich ebenfalls auf die Straße gegangen mit Plakaten wie »Kein Mensch ist illegal! Wir sind alle von Lampedusa!«.

Die ARD hat das alles gefilmt und eine unglückliche Passage daraus ausgestrahlt. Darin sieht man, wie ein Polizist einen Demonstranten kontrolliert und ihm eine Klobürste aus dem Hosenbund zieht, die er für eine Waffe hielt. So wurde die Klobürste zum Symbol des Hamburger Widerstands. Beinahe jeder Einwohner des Gefahrengebiets trug eine Klobürste mit sich, die er mit seinem Ausweis den Polizisten vorzeigte. Denn selbst in der aktuellen Situation galt das Klobürstenzeigen als nicht strafbar. Den Satz »Willst du meine Klobürste sehen?«, habe ich nicht gleich verstanden. In Hamburg hieß das so etwas wie »Provozier mich nicht«.

Meine Tochter machte zu dieser Zeit ein Praktikum in einer Sprachschule in Berlin Neukölln. Dort standen alle Schlange, um ihre A1-Prüfung in Deutsch abzulegen – ob anerkannte Flüchtlinge, Asylsuchende oder Ausländer, die schon länger in Deutschland lebten und arbeiteten. Die neue deutsche Gesetzgebung hatte nämlich gesagt: Schluss mit lustig! Nur wer die A1 hat, bekommt seine Papiere verlängert.

Für die Lehrer an der Sprachschule war es ein nerviger Job, diese Kindergarten-Prüfungen durchzuführen: »Wie heißt du? Was willst du? Wo kommst du her?«

Sie haben die A1-Prüfungen deswegen den Praktikanten aufgedrückt und beschäftigen sich selbst mit den höheren Stufen. Es gibt insgesamt sechs Stufen bei der Eroberung der deutschen Sprache: von A1 bis C2. Meine Tochter, die sich damals professionell mit Sprachen beschäftigen wollte, kannte sich mit diesem komplizierten System gut aus. Mich schätzte sie auf C1, das heißt, ich kann komplexe lange Sätze schreiben und verstehen, man merkt aber trotzdem, dass Deutsch eine Fremdsprache für mich ist.

Bei der primitiven A1-Prüfung soll der Ankömmling »einfache Wörter verstehen und verwenden, die auf die Befriedigung konkreter Bedürfnisse zielen«. Er muss seinen Namen sagen können, die Worte »bitte« und »danke« verwenden und eine komplexe Frage mit einem Satz beantworten können und zwar die Frage: »Haben Sie schon eine Rückfahrkarte nach Pakistan?« Diese gemeine Frage haben sich die genervten Praktikanten ausgedacht, die zum Abnehmen der Prüfung auf die armen Fremden angesetzt worden waren. Dabei waren die Praktikanten in der Sprachschule selbst alle Ausländer, die zum Studieren nach Deutschland gekommen waren und mit dem Praktikum ihr eigenes Sprachniveau beispielsweise von B1 auf B2 anheben wollten. Nur wie sollte das gehen, wenn man nur mit A1-Leuten zu tun hatte?

Aus Rache an den A1-Prüflingen haben sie für sie lauter dämliche und hinterhältige Fragen ausgedacht: »Welche Haustiere außer Esel mögen Sie?«, »Kennen Sie den Weihnachtsmann?« Und: »Haben Sie schon einmal Urlaub in Israel gemacht?« Durch diese Arbeit haben die Praktikanten selbst keine neuen Deutschkenntnisse erworben, vielmehr haben sie ihren bisherigen Wortschatz reduziert, sodass sie bereits nach wenigen Tagen wie die armen Geprüften redeten: »Du nix kucken Internet?«

Bei der ersten A1-Prüfung, die meine Tochter in der Sprachschule abzunehmen hatte, erwischte sie einen

Pakistani, der bereits seit fünf Jahren in Deutschland lebte, hier sogar angeblich als Warenverkäufer tätig war, auf Deutsch aber nur einen Satz beherrschte: »Schöne Frau, alles gut«. Den Satz verwendete er als Antwort auf jede Frage, die ihm gestellt wurde. Der Satz hat meiner Tochter so gut gefallen, dass sie ihn zuletzt von dem Pakistani übernahm und seitdem regelmäßig als eine Art Mantra verwendet. Wenn ihr irgendetwas nicht gelingt, wenn jemand sie nervt oder sie nicht mehr weiß, wie es weitergehen soll, sagt sie: »Schöne Frau, alles gut«. Und lacht.

Was lesen die Syrer?

Am ersten Mai, dem Tag der Solidarität, beschloss zum ersten Mal in diesem schwierigen Frühling auch das Wetter, mit den Menschen solidarisch zu sein. Die warme Luft draußen erinnerte an den baldigen Sommer, und ich joggte durch das Dorf zur Bibliothek, die sich bei uns in einer Telefonzelle befindet, um nachzuprüfen, ob die Zelle einigermaßen mit Büchern gefüllt war. Auf dem Rückweg traf ich einen Nachbarn, einen unverbesserlichen Pessimisten, dessen Haltung zur Welt von höchstem Misstrauen geprägt ist. Er behauptet zum Beispiel, unsere Syrer würden niemals Deutsch lernen, weil sie nicht wüssten, wie das gehen solle. Zusammen spazierten wir am Haus der Syrer vorbei, wo diese in letzter Zeit öfter draußen vor ihrer Haustür saßen und in die Sonne schauten. Unseren Augen bot sich ein rührendes Bild: Ein junger Mann hockte mit verträumtem Blick und einem Buch in der Hand auf einem Stuhl.

»Na, wat sagste nun?«, fragte ich den Nachbarn

auf Brandenburgisch, was so viel bedeuten sollte wie:
»Schau, wie schön! Die Syrer lesen!«

»Hoffentlich ist es ein deutsches Lehrbuch und nicht
irgendein Koran. Ich habe nichts gegen den Islam,
aber diese religiöse Literatur verdirbt doch bloß die
Jugend und lenkt sie von den wirklichen Problemen
ab«, sagte er.

»Schau dir den Jungen doch an«, ließ ich nicht locker.
»Vielleicht hat er ja schon richtig gut Deutsch gelernt
und versucht es jetzt mit einem Buch aus unserer Bibliothek.«

Ich war nämlich sehr stolz auf diese Bibliothek, obwohl sie bereits vor mir da gewesen war. Die Idee, in
einer Telefonzelle eine kleine Bibliothek zu organisieren, hatte Matthias gehabt, der zugleich Vorsitzender
des Vereins »Sport und Kultur e.V.« und Kulturbürger-
meister des Dorfes war. Er hatte diese Bibliothek bereits vor Jahren ins Leben gerufen, inzwischen entwickelte sie sich von selbst weiter. Die einen nahmen sich
daraus Bücher zum Lesen mit, die anderen brachten
neue Bücher in die Zelle und stellten sie dort ins Regal. Manchmal waren es auch dieselben Leute, die ihre
Bücher hineintrugen und andere nahmen.

Ich vervollständigte die Telefonzelle gerne mit frisch
gedruckten Werken, die ich von Verlagen umsonst zu-
geschickt bekam. Es waren mehr, als ich im Jahr le-

sen konnte. Es gab anscheinend auch einen Wohltäter im Dorf, der eine schier endlose Sammlung von DDR-Literatur hatte. Und ein mysteriöser Honecker-Fan musste hier ebenfalls leben. Immer wieder fanden sich in der Zelle neue Exemplare von dessen Autobiographie »Aus meinem Leben«. Einmal hatte ich ein Exemplar zum Reingucken mit nach Hause genommen, und gleich am nächsten Tag stand ein neues im Regal. Aus sportlichem Ehrgeiz nahm ich dieses zweite Exemplar ebenfalls an mich, das dritte ließ daraufhin nicht lange auf sich warten. Ich entwickelte Theorien, wie so etwas möglich sein konnte. Vielleicht nicht in unserem Dorf, dachte ich, aber irgendwo in Nordbrandenburg war ein begeisterter Honecker-Leser gestorben, und nun versuchten seine Erben, die nicht mehr benötigten Werke in unserer Telefonzelle zu entsorgen.

Matthias erzählte mir einmal, dass das Bücherangebot auch oft von Lkw-Fahrern in Anspruch genommen werde. Viele von ihnen seien leidenschaftliche Leser, sie würden sogar beim Fahren lesen. Seit er mir das erzählt hat, muss ich stets daran denken, wenn ich einen Lkw auf der Autobahn aus der Spur fahren sehe. »Tolles Buch«, denke ich in solchen Augenblicken. »Bestimmt eine spannende Lektüre.«

Vielleicht gab es den verstorbenen Honecker-Leser aber auch gar nicht, dafür aber einen alten DDR-Lkw-

Fahrer mit seinem IFA, der voll beladen mit Honeckers Memoiren durch die Ostbundesländer fuhr und das seit einem Vierteljahrhundert. Vielleicht hatte ihn einst noch Honecker persönlich auf den Weg geschickt.

»Die Welt ist aus den Fugen geraten«, muss Honecker dem IFA-Fahrer damals gesagt haben. »Nimm also so viele ›Aus meinem Leben‹, wie bei dir auf die Ladefläche passen, und fahr damit so lange herum, bis die Welt wieder in Ordnung kommt und die Menschen wieder etwas ›Aus meinem Leben‹ lernen.« Das sagte Erich Honecker, flog nach Chile und starb dort. Sein Lkw-Fahrer aber hat ein langes Leben. Er fährt immer weiter durch die ehemalige DDR, und wenn er an unserer Telefonzelle vorbeikommt, legt er uns ein Büchlein ins untere Fach.

Sicher würden die Syrer nicht gerade dieses Werk lesen wollen, wenn sie die Wahl hätten. Sie würden eher irgendwelche Krimis oder die Sachbücher von der Bestsellerliste aus der Zelle holen, um zu erfahren, was hier in Deutschland Sache war, überlegte ich.

»Ich würde an deren Stelle keine deutschen Sachbücher lesen, da bekommen sie schlechte Laune von«, meinte mein pessimistischer Nachbar. »Weißt du, was im Moment auf Platz eins der Spiegelliste steht? Thilo Sarrazin mit so einem ›Deutschland-du-armes-Würstchen‹-Buch. Hinter ihm auf Platz zwei kommt

Hitler mit seinem ›Kampf‹, die kommentierte Ausgabe. Die Syrer sollten sich besser von deutschen Bestsellerlisten fernhalten«, sagte mein Nachbar.

Ich war angesichts seiner Schilderung sehr neugierig geworden und wollte unbedingt erfahren, wer auf Platz drei stand, hinter Hitler sozusagen. Das wusste mein Nachbar nicht aus dem Kopf, also schauten wir im Internet nach. Auf Platz drei stand »Das geheime Leben der Bäume. Was sie fühlen, wie sie kommunizieren«.

»Das ist natürlich für Syrer ein sehr wichtiges Buch«, lachte mein Nachbar. »Die Seele der Deutschen ist der Wald, wenn sie ihre neuen Nachbarn verstehen wollen, müssen sie den Wald verstehen. In Spanien werden sie das kaum gelernt haben, da gibt es ja fast keine Bäume. Ich würde ihnen außerdem gerne mal ein deutsches Kochbuch schenken«, sagte er etwas unvermittelt. »Ich kann nicht mit ansehen, wie sie einkaufen. Diese Einfalt: ein Sack Reis, ein Sack Mehl, ein Kilo Butter, irgendwelche Kräuter... Sie sind es gewohnt, gleich in großen Töpfen für ganze Bataillone zu kochen. Aber so wird niemand zum Gourmet.

Manchmal denke ich, wir kommen nie zusammen, wir sind zu verschieden, wie Hund und Katz. Und diese ganzen Integrationsversuche sind ebenfalls für die Katz. Dem Hund kannst du vieles beibringen, er lernt schnell. Du wirfst einen Stock, er bringt ihn dir zurück. Rein theoretisch kannst du das auch mit einer Katze machen. Du kannst dein Leben lang Stöcke für sie werfen. Du kannst ihr auch zehn Mäuse dranhängen, du wirst den Stock trotzdem niemals zurückkriegen. Und dafür gibt es für mich nur eine Erklärung: Katzen sind keine Hunde. Und Syrer sind keine Deutschen. Es hat alles keinen Sinn«, schlussfolgerte der Nachbar.

Das Wetter in Nordbrandenburg ist wechselhaft. Gerade eben hatte noch die Sonne geschienen, plötzlich kamen starke Windböen auf, und es fing an zu regnen. Der junge Syrer auf der Terrasse klappte sein Buch zu, legte es unter den Stuhl und ging nach drinnen. Von großer Neugier getrieben lief ich zum Haus, beugte mich über den Stuhl und las den Klappentext. Dort stand: »Ravensburger Kinder-Weltatlas: Eine abwechslungsreiche und informative Reise durch alle Kontinente der Erde«.

Verfehltes Paradies

Seit dem vorigen Jahrhundert gehe ich in Berlin jede Woche im selben Bad schwimmen: dem »Europa-Park Schwimmer Paradies«, dem, wie ich finde, besten Bad der Stadt. Die anderen kenne ich nicht. Die Bademeister, die freundlichen Engel unseres Paradieses, kenne ich seit der Eröffnung. Allerdings nur sitzend. In einer Art paradiesischer Immobilie hocken sie vor dem Schaufenster ihres Büros und haben keinen direkten Kontakt mit dem Wasser. Die meisten Stammgäste allerdings auch nicht.

Zum Stammpublikum gehört beispielsweise der Junge mit der Schwimmbrille und der schwarzen Badekappe, der immer am Beckenrand steht und so tut, als würde er sich auf einen Sprung vorbereiten. Er macht Dehnübungen, geht in die Hocke, rudert wild mit den Armen, steht auf einem Fuß und macht eine Schwalbe. Manchmal tunkt er auch seinen Zeh ins Wasser, als wolle er prüfen, ob es kalt genug war. Nur hinein geht er nie.

Ferner gehört zum Stammpublikum die hyperaktive Vietnamesin, die im Nichtschwimmerbecken ihr molliges Kind erzieht, das in einem Rettungsring völlig zufrieden und wunschlos vor sich hin plätschert. »Na los, du lahme Ente!«, schreit die Mutter und versucht, das Kind zu einem Tausch zu bewegen: Seinen schönen großen Rettungsring soll es für einen kleinen Tauchring aus Neopren hergeben. Die »lahme Ente« ist vielleicht dick, aber nicht doof. Sie lehnt den Tausch ab. Mit der Gelassenheit eines Buddhas schaukelt das Kind an der Wasseroberfläche wie eine große Boje und lässt sich von den Wellen treiben, die seine Mutter in ihrer Erziehungswut hochwirbelt.

Ebenfalls zu den Dauergästen des Bades zählt der Spanner mit dem Hasengebiss, der permanent draußen hinter der Glaswand des Bades den Schwimmern hinterherläuft. Bei jedem Wetter läuft er mit einem großen Koffer in der Hand die Bahn entlang: fünfzig Meter links, dann fünfzig Meter rechts. Gelegentlich bleibt er auch in der Mitte stehen und drückt seine Nase ans Glas, was ziemlich ulkig aussieht. Ich habe mich schon öfter gefragt, was der Spanner wohl in seinem Koffer trägt. Ich hatte sogar schon überlegt, eine Horror-Geschichte über den Mann mit dem Koffer zu schreiben, ließ es aber aus Faulheit sein.

Natürlich sind das nicht die einzigen Gäste im

Schwimmerparadies. Ab und zu kommen Schulklassen, und 2016 hatte die Flüchtlingswelle das Bad erreicht. Auf einmal standen Araber in großer Zahl am Beckenrand, hatten mehrere übereinandergezogene kurze Hosen in verschiedenen Farben an und schauten traurig aufs Wasser. An ihren Blicken konnte man die Fragen ablesen, die sie beschäftigten: »Wo bin ich? Was sind das für komische Menschen? Und wie komme ich hier wieder raus?« Verwirrte Traumfänger in einem fremden Paradies.

Ich konnte ihre Verwirrung aber gut nachvollziehen. In meiner Heimat, der Sowjetunion, hatten wir kaum eine Vorstellung, wie die Welt draußen aussah. Das Land war hermetisch abgeriegelt, und wir lebten darin wie in einem trockengelegten Schwimmbad. Alle Nachrichten und Informationen von außerhalb wurden von der staatlichen Machtzentrale sorgfältig zensiert. Unser Bad war das beste und damit basta. Die ausländischen Zeitungen und Zeitschriften bekamen wir nur in der Übersetzung des Politbüros, und auf allen Funkwellen heulten und stöhnten die Störsender, damit die Bürger keine Radioprogramme amerikanischer oder englischer Funkstationen empfangen konnten, die in russischer Sprache sendeten. Westfernsehen war für uns – anders als für die Bürger der DDR – unerreichbar.

Das verstärkte unser Interesse an dem Leben draußen umso mehr. Mein Vater stellte seinen KW-Radioempfänger auf den Boden, weil ihm jemand bei der Arbeit erzählt hatte, Kurzwellen könnten nicht so hoch springen, je tiefer am Boden, desto besser der Empfang. Mein Vater kniete also nachts auf allen vieren vor dem Radio in der Hoffnung, ein Häufchen westlicher Propaganda hinter dem Geheul der Störsender zu dechiffrieren. Mein kniender Vater ist daher für mich seit der Kindheit das Symbol für die Neugier auf die Welt.

Auslandsreisen waren auch nur höchst selten möglich. Als die beste Freundin meiner Mutter einen Ostdeutschen heiratete und mit ihm von Moskau nach Karl-Marx-Stadt zog, schickte sie meiner Mutter sofort eine Einladung in die DDR. Mit dieser Einladung ging meine Mutter zum Parteikomitee, obwohl sie kein Mitglied der Partei war. Sie brauchte trotzdem eine Erlaubnis des Parteisekretärs des Bezirks, um ihre eigene Freundin, noch dazu in einem sozialistischen Bruderland, besuchen zu dürfen. Der Parteisekretär verlangte von meiner Mutter einen Lebenslauf, eine Erläuterung des Reisezwecks und ein schriftliches Charakterzeugnis durch den Arbeitgeber. Der Direktor des Betriebs, in dem meine Mutter tätig war, schrieb in diese Charakteristik, sie sei eine qualifizierte Arbeiterin, nehme aber unzureichend an den freiwilligen ehrenamtlichen Arbeitseinsätzen teil.

»Warum nehmen Sie unzureichend an freiwilligen Einsätzen teil?«, fragte sie der Parteisekretär während der Anhörung. »Sie sind in diesem Fall nicht würdig, eine solch tolle Reise zu machen. Da haben wir bessere Kandidaten.«

Meine Mutter traute ihren Ohren nicht. »Wofür haben Sie bessere Kandidaten? Um meine Freundin in Karl-Marx-Stadt zu besuchen? Sie hat aber mich eingeladen, nur mich allein und nicht Ihre besseren Kandidaten! Sie kennt Ihre Kandidaten doch gar nicht!«

»Was nicht ist, kann ja noch werden«, sagte der Beamte und lächelte diabolisch.

Meine Mutter ist damals nicht in die DDR gefahren.

Als unsere Machtzentrale zu bröckeln begann und ihre Mauern und Zäune durchlässig wurden, dachten viele in meiner Heimat, überall würde es ihnen besser gehen als zu Hause. Sie fuhren los, ohne groß darüber nachzudenken, was sie im Ausland erwartete. Ihre Träume und Hoffnungen konnten sie jedoch am Ende nicht verwirklichen, die Welt, die sie sich zurechtgeträumt hatten, erwies sich als reine Phantasie. Viele kamen enttäuscht zurück, andere mussten ihre Weltsicht stark korrigieren. Viele hassen den Westen heute, weil er ihren Vorstellungen vom Paradies nicht entsprochen hat. Die Schuld daran geben sie der Propaganda, den KW-Empfängern. Diese kurzen Wellen, die wie Flöhe bei uns in jeder Wohnung aus dem Boden gesprungen waren, aber immer zu kurz, hatten mit meinen Landsleuten ein böses Spiel gespielt.

Dank der Erfindung des Internets wissen nun alle, dass es Länder im Westen gibt, in denen die Straßen mit goldenen Steinen gepflastert sind, dass dort jeder das Recht hat, ein Haus und ein Auto zu besitzen, und dass man dort nicht arbeiten muss, um Geld zu verdienen. Es reicht schon, Kinder aufzuziehen, denn für jedes Kind bekommt man Kindergeld vom Staat. Und je mehr Kinder man hat, desto höher ist die Prämie. Das Internet hat keine Störsender. In jeder Wüste der Welt gibt es inzwischen ein Café mit WLAN.

Nichts ist menschlicher, als zu träumen. Damit verbringen wir die meiste und die schönste Zeit unseres Lebens. Also lassen viele alles stehen und liegen, sagen tschüss zu ihrer armen unglücklichen Heimat und fahren los – direkt ins Paradies. Wenn sie Glück haben und unterwegs nicht absaufen, landen sie irgendwo in einem Aufnahmelager für politisch Verfolgte. In Hoyerswerda vielleicht. Die Diskrepanz zwischen dem Traumbild und der Realität macht sie ohnmächtig. Sie glauben, am falschen Ort angekommen zu sein. Zurückgehen kommt aber nicht infrage, in diesem

Fall würden sie ihre Selbstachtung verlieren und die eigene Zurechnungsfähigkeit anzweifeln. Also glauben sie, irgendwo unterwegs vom richtigen Weg abgekommen und an ihrem einzig richtigen Paradies vorbeigerauscht zu sein.

Die Suche nach der verpassten Tür wird niemals aufhören, sie geht immer weiter. Die wichtige Erkenntnis, die man vom Reisen mitbringt, ist, dass es anscheinend nicht ein, sondern mehrere Paradiese gibt. Manche sehen wie die Hölle aus, und manche sind nur ein Schwimmbad. Das unsere wurde von den Menschen mit den vielen übereinandergezogenen Hosen im letzten Sommer nicht mehr besucht. Auch die Schulklassen blieben wegen der Ferien aus. In manchen Wochen kam überhaupt keiner außer den üblichen Verdächtigen, die immer da waren: der junge Nichtschwimmer in Badekappe, die lahme Ente mit ihrer Mama und der Spanner hinter dem Glas – die ewigen Geiseln des Schwimmerparadieses.

Syrisches

Bereits als Kind wusste ich: Überall ist es besser, wo wir nicht sind. Ich bereitete meine Flucht sorgfältig vor, damit die Erwachsenenwelt nichts mitbekam. Diese Welt hatte überall Augen, Ohren und Erzieher, fest angestellte und solche auf Honorarbasis. Mein Ausbruch aus dem Kindergarten wurde damals bereits nach einer Stunde beendet. Als Jungpionier gelang es mir dann allerdings, mit einer Gruppe Gleichgesinnter immerhin zwei Tage lang aus dem Pionierlager »Junger Seemann« zu verschwinden. Wir hatten damals beschlossen, Piraten zu werden, nahmen ein kleines Boot und einen Kompass, gerieten aber trotzdem ins falsche Fahrwasser. Es regnete, die Zigaretten wurden nass, und ohne Tabak schien ein glaubwürdiges Piratentum nicht möglich. Später flüchtete ich aus der sowjetischen Armee, wurde gefangen und zu noch mehr Armee verdonnert.

Erst mit 23 Jahren gelang mir endlich die Flucht nach Deutschland, doch auch hier hat sich mein Lebensgefühl nicht verändert. Ich bin ein Fremder in einer fremden Landschaft. Irgendjemand oder irgendetwas hat mich hier ausgesetzt mit undefinierter Aufgabe. Zu welchem Zweck bin ich hier? Nur die Toten wissen Bescheid. Die ewige Mauer, die uns Lebende von ihnen trennt, ist jedoch undurchsichtig. Und selbst wenn wir auf die andere Seite blicken und fragen könnten, was das Ganze solle, würde uns dieses Wissen hier auf unserer Seite nichts nützen. Deswegen: Flucht.

Laut Statistik sind die meisten Flüchtlinge, die im letzten Jahr nach Deutschland kamen, Kinder. Eigentlich sind alle Flüchtlinge Kinder, auf der Flucht vor der Erwachsenenwelt, die sie einspannen will, ob als Soldaten, als Untertanen oder als Sklaven zum Verkauf auf dem Arbeitsmarkt. Die Flüchtlinge treffen in Deutschland auf Flüchtlingshelfer: magere Männer mit langen grauen Zöpfen und mollige Frauen, die runde Brillen tragen. Ich sehe sie überall, in jeder Stadt, die ich besuche.

In Jena saßen die Kinder in einer alten kaputten Schule, die »Soziokulturelles Zentrum« hieß, und klebten Willkommensbücher mit wichtigen Infos auf Arabisch für die Kinder, die noch kommen würden. Sie bemalten diese Broschüren und schrieben Tipps hinein.

»Das Buch funktioniert wie ein Reiseführer«, erklärte mir die Leiterin des Kurses, eine mollige Dame mit runder Brille auf der Nase. »Die neuen Kinder wissen gleich, wo es in Jena das beste Eis gibt und welcher Döner empfehlenswert ist.«

Ihre Gruppe saß an einem großen runden Tisch. Mädchen mit Kopftüchern und ohne, kleine Jungs und Jugendliche mit frischem Bartwuchs. Sie alle waren erst vor Kurzem nach Deutschland gekommen und sprachen bereits passabel Deutsch.

»Was meint ihr«, fragte ich sie. »Wie lange braucht man eigentlich, um eine Fremdsprache zu lernen?«

Die Kinder wichen aus.

»Na ja«, sagten sie. »Es kommt darauf an, wie intensiv man lernt, wie hoch die Bereitschaft und die Notwendigkeit für die Sprache ist. Auch das Alter spielt eine gewisse Rolle.« Aber eigentlich, da waren sich alle am Tisch einig, braucht man ein Jahr. Kindergartenkinder lernten schneller, die waren in sechs Monaten fertig.

»Deutsch ist eine besonders schwierige Sprache«, beschwerte sich ein syrischer Junge. »Im Arabischen gibt es für alles und jedes mehrere Worte, es kommt auf die feinen Unterschiede, auf die Betonung, an. Deutsch ist schnurstracks gerade und unmissverständlich wie ein Strafgesetzbuch. Die Grammatikregeln sind unverzichtbar. Wenn man die Regeln nicht kennt, ist man aufgeschmissen«, meinte der Junge zu mir.

Im Café des Zentrums lernte ich Pärchen kennen, die im Tandem beide Sprachen lernten: Die deutschen Mädchen konnten schneller Arabisch als die syrischen Jungs Deutsch. Überhaupt lernten die Deutschen in der Flüchtlingskrise unglaublich schnell. Im Britzer Garten in Berlin traf ich auf einen deutsch-syrischen Chor aus Neukölln, geleitet von einem blauäugigen Grauhaarigen mit Zopf. Er hatte zwei Kopftuchfrauen, drei arabisch aussehende Männer mit ärmellosen T-Shirts und sechs singende deutsche Rentner unter seiner Leitung. Sie sangen enthusiastisch auf Arabisch, und der Grauzopf spielte dazu Gitarre.

»Worum geht es in dem Song? Ist es ein Liebeslied?«, fragte ich die Syrer.

»Das ist ein Lied über das Leben«, sagten sie diplomatisch und rollten nachdrücklich mit den Augen.

Die Syrer hatten großen Spaß am Singen, sie hatten sich als Lehrer besser gemacht als der Leiter selbst. Er meinte, um den Syrern Deutsch beizubringen, hätten sie beschlossen, zunächst im Chor deren Sprache zu lernen, um ihnen auf diese Weise die Angst vor dem Lernen zu nehmen.

Die Integration ging also an manchen Orten gut voran, an anderen gar nicht. Bei uns im Dorf war der gute Ruf der Syrer vollkommen ruiniert dank des jungen Torwarts und seines Pseudoonkels. Irgendjemand musste für den siebzehnjährigen Jungen die Vormundschaft übernehmen, damit er nicht ins Heim musste. Doch niemand wollte Vormund sein. Weder sein Onkel noch ein anderer aus der großen Flüchtlingsfamilie war dazu bereit. Der Junge war beinahe am Durchdrehen. Unserem Dorfvorsteher zeigte er Filme auf seinem Handy, wie Menschen vom Boot ins Wasser fielen und ertranken. Er sei traumatisiert und könne nicht in einem Heim leben, meinte er. Also beschloss der Dorfvorsteher, die Vormundschaft selbst zu übernehmen. Es ging ja nur um wenige Monate, bald sollte der junge Mann seinen eigenen Angaben nach volljährig werden.

Der Brandenburger Richter zeigte sich misstrauisch. Er wollte Papiere sehen. Wenn schon kein Pass vorhanden sei, dann mindestens eine Geburtsurkunde, die müsse doch irgendwo geblieben sein.

»Rufen Sie Ihre Mutter an!«, verlangte der Richter.

Der Junge beharrte dagegen auf seiner Version: Die Eltern seien verschollen, alle Papiere verloren gegangen.

»Dann ab ins Heim«, ordnete der Richter an. »Dort bleiben Sie so lange, bis wir einen schriftlichen Nachweis über Ihr Alter und Ihre Identität haben.« Brandenburger Richter sind hart.

Der Junge gab schließlich nach und erzählte, er sei gar nicht minderjährig, sondern längst neunzehn Jahre alt. Außerdem war er auch nicht übers Meer nach Brandenburg gekommen, sondern aus Istanbul, wo er mit seiner Mutter und Schwester zusammen eine Wohnung hatte. Seine Familie war vor Jahren aus Syrien nach Istanbul geflüchtet, er selbst hatte vor einem halben Jahr seinen Job an einer Tankstelle verloren und beschlossen, die Flüchtlingsroute zu nehmen. Seinen Onkel hatte er erst unterwegs kennengelernt und mit ihm ausgemacht, dass er das Kindergeld bekomme, wenn er ihn nach Deutschland mitnehme.

»Rufen Sie Ihre Mutter an«, sagte der Richter. »Sie soll Ihren Pass schnellstens hierher schicken. Und Ihr Onkel wird das Kindergeld zurückzahlen müssen.«

Das Dorf ist klein, bald wussten alle Bescheid. Und wie immer wog eine Lüge mehr als hundert Wahrheiten. Nach diesem Vorfall glaubte kein Mensch mehr im Dorf die syrischen Geschichten, die Familienverhältnisse, die Biographien und Nöte. Als wäre das alles nicht schon schlimm genug, hatten die Syrer auch noch mehrmals für ihre Frauen den Notarzt gerufen, nachdem sie festgestellt hatten, dass beim Notdienst eine Frau arbeitete. Sie lehnten es nämlich ab, ihre Frauen von fremden Männern im Krankenhaus untersuchen zu lassen. Als dann einmal ein männlicher

Notarzt kam, haben sie ihm nicht einmal die Tür aufgemacht.

»Nur wenn wirklich Not am Mann ist, gehe ich noch zu ihnen rüber«, schimpfte der Dorfvorsteher.

Die Syrer merkten, dass mit den Nachbarn etwas nicht stimmte. Nun wollten sie auswandern, nach Cottbus. Sie glaubten, Cottbus würde sie weiterbringen.

Ich habe versucht, sie umzustimmen: »Was hat es für einen Sinn, ständig zu flüchten? Glaubt ihr, überall ist es besser, wo man nicht ist? Ihr verwechselt Cottbus mit dem Paradies!«

Sie lächelten freundlich, glaubten mir aber kein Wort.

Der Tunnel im Garten

In der Eifel sind die Menschen näher am Himmel als an der Erde. Die Erdbewohner mit ihren Krisen – der Finanzkrise, der Umweltkrise, der Flüchtlingskrise – gehen ihnen am Arsch vorbei. Aus einer versauten Welt voller Probleme ragt die Eifel wie eine Insel der Glücksseligen. Die Flüchtlingskrise haben die Eifeler im Fernsehen verfolgt. Menschen in Not auf überfüllten Booten versuchten das Mittelmeer zu überqueren. Wenn sie Erfolg hatten, landeten sie irgendwo in Europa und baten um Asyl. Allerdings geschah das alles weit entfernt von der Eifel.

Die Eifel ist ein Gebirge. Man muss als Flüchtling schon über eine Bergsteigerausrüstung verfügen, um in dieser Gegend Asyl zu beantragen. In den ganzen letzten Jahren waren daher nur wenig Fremde in die Eifel gekommen: einige belgische Wanderer, die wahrscheinlich von ihrem Jakobsweg abgekommen waren, Arbeitskräfte aus Polen, fünf Rumänen, die einen Job in der Landwirtschaft suchten, und ich.

Mir hat die Eifel gleich den Kopf verdreht – ich kenne keine andere Landschaft in Deutschland, die so kurvenreich ist wie diese. Man muss das Lenkrad hier mit beiden Händen drehen, wenn man mit dem Auto die fiesen Serpentinen abfährt. Eine zusätzliche Schwierigkeit für Autofahrer sind Motorräder und Kühe, die hinter jeder Biegung lauern oder liegen, und die Eifeler selbst, die gerne rasen.

Schnuckelige Landschaften, Felder voller Löwenzahn bis an den Horizont – ich konnte mir nicht vorstellen, dort zu leben. Die Berge und Wiesen sind natürlich schön, aber nur mit Blumen und Schnecken meine Zeit zu verbringen, dafür war ich noch nicht reif. Die Eifeler aber sind durchaus Menschen, die lieber ein Mal in der Woche mit ihrem Hund reden, als mit ihren Artgenossen zusammen etwas zu unternehmen. Nicht alle natürlich. Mein Freund Paul, ein Eifeler Künstler, ist anders. Er wollte sein Dorf vom Himmel wieder auf die Erde zurückbringen. Er dachte, seine Kunst könne die Menschen hier über sich selbst staunen lassen. Sie sollten ihren gewohnten Lebensstil, ihre Vorstellungen infrage stellen und die Welt nicht nur durch das Auge des Fernsehers betrachten.

Seine Nachbarn, die vernünftigen Eifelbauern, hielten Kühe. Paul dagegen besorgte sich eine Ziege und erklärte im Dorf, er selbst sei in seinem früheren Leben eine Ziege gewesen. Nachdem seine Hühner vom Fuchs gerissen worden waren, ersetzte er sie durch Attrappen aus Pappmaché, die er grün anmalte. Den Nachbarn erklärte er, die Papphühner sollten den Fuchs nicht in Versuchung führen. Doch der Fuchs kam gar nicht mehr, er hatte an den Papphühnern kein Interesse. Also bastelte Paul auch einen Fuchs aus Pappe, bemalte ihn rot und platzierte ihn neben den Hühnerstall.

Seine Nachbarn fühlten sich von seiner Kunst wenig angesprochen.

»Der Paul, der hat doch wohl nicht alle«, sagten sie. »Er geht mit der Ziege spazieren und hat auf dem Hof einen Stall voller grüner Papphühner.«

Doch Paul war mit seiner Kunst noch lange nicht am Ende. Einmal las er in einer Zeitung, dass einige Archäologen in der Eifel nach Spuren von Römern suchten, bis jetzt hätten die Ausgrabungen jedoch wenig ergeben. Kurzerhand beschloss der Künstler daraufhin, den Archäologen zu helfen. Er grub bei sich im Garten einen ganzen Diana-Tempel aus, bemalt mit original römischen Fresken. In der Mitte des Tempels stand die Göttin selbst, in den Händen hielt sie statt eines Rehbocks eine Ziege, die Pauls Lieblingsziege verblüffend ähnlich sah. Drumherum saßen die grünen Hühner aus Pappe.

Die Archäologen zweifelten die Echtheit der Ausgrabung an. Die Nachbarn hielten Paul weiterhin für verrückt.

Eines Tages fragte sich Paul, wieso die Eifeler so wenig über die anderen Erdbewohner, deren Kulturen, Sprachen und Sorgen wussten. Das musste sich doch ändern lassen. Denn früher oder später würden auch hier Flüchtlinge aufkreuzen, sobald sie sich eine Bergsteigerausrüstung besorgt hatten. Man musste das Dorf schon jetzt auf die fremden Kulturen vorbereiten, beschloss Paul und schaute auf den Globus. Er fragte sich als Erstes, wer wohl auf der gegenüberliegenden Seite der Erdkugel wohnte. Von der Eifel aus gesehen befand sich auf der anderen Seite die neuseeländische Stadt Nelson, bevölkert unter anderem von Maori, den neuseeländischen Ureinwohnern.

Kurzerhand schrieb Paul dem Bürgermeister von Nelson einen Brief: »Hallo, ich bin der Paul aus der Eifel. Wie geht es den Maori?«

»Schlecht«, schrieb ihm der Bürgermeister zurück. In einem langen Brief erklärte er die Schwierigkeiten der Maori, sich in die moderne Welt zu integrieren.

Das ist wie in der Eifel, dachte Paul. Im Grunde sind wir einander nicht unähnlich. Die Eifeler haben ähnliche Schwierigkeiten, sie sind so etwas wie die deutschen Maori. Pauls Idee war, beide Völker zusammenzubringen. Er konnte sich gut ein Treffen zum Erfahrungsaustausch in seinem Garten vorstellen: »Eifeler und Maori: Überlebensstrategien autarker Völker in einer globalisierten Welt«. Er schrieb dem Bürgermeister von Nelson von seiner Idee und schickte per Mail eine persönliche Einladung an ihn und an das Volk der Maori.

Die Nachricht des Bürgermeisters ließ nicht lange auf sich warten. »Vielen Dank«, schrieb er, »doch das wird nichts.« Er selbst habe in Nelson viel zu tun, und die Maori könnten nicht kommen: Sie seien noch nie auf Reisen gewesen, sie wüssten nicht, wie reisen geht, und außerdem hätten sie kein Geld.

Paul überlegte die ganze Nacht, wie er die Maori schnell und ohne Fremdfinanzierung in die Eifel bekäme. Gleich am frühen Morgen begann er, einen Tunnel in seinem Garten zu graben, der direkt nach Nelson führen sollte. Damit die Arbeit schneller ging, borgte er sich den Bagger eines Nachbarn aus. Der Tunnel wurde von Tag zu Tag tiefer, gleichzeitig bastelte der Künstler eine Kapsel, um die Maori in seinen Garten zu transportieren.

Seine Nachbarn hatten Pauls neues Projekt anfangs als launischen Künstlerstreich abgetan, doch je tiefer der Tunnel wurde, umso mehr Sorgen machten sie sich. Einerseits wussten die Bauern natürlich, dass man mit einem Bagger kein Loch durch die Erde bis auf die andere Seite graben konnte. Wenn sie andererseits aber den Eifer und die Entschlossenheit des Künstlers sahen, überkamen sie Zweifel. Man sollte nie behaupten, dass etwas unmöglich sei, nur weil es noch keiner gemacht hatte.

Paul traf inzwischen die letzten Vorbereitungen für den Maori-Empfang. Er bemalte den Tunneleingang mit Willkommensgrüßen und typischen Maori-Ornamenten, damit sich die Gäste aus dem fernen Land schneller heimisch fühlten.

Seine Nachbarn besuchten den Künstler, um ein ernstes Gespräch mit ihm zu führen. »Was soll das Paul?«, fragten sie. »Was soll aus dem Tunnel kommen?«

»Die Maori«, sagte Paul knapp.

»Und wozu braucht es hier Maori?«, fragten ihn die Dörfler. »Wir hatten doch schon Rumänen und Polen. Maori haben uns gerade noch gefehlt. Schütt doch bitte den Tunnel wieder zu«, rieten ihm die Nachbarn. »Wer auch immer da rauskommt, er geht mit Sicherheit nicht nach ein paar Wochen wieder zurück.«

»Aber wir brauchen doch den Austausch der Kulturen«, erwiderte Paul.

Zum feierlichen Maori-Empfang lud er das ganze Dorf ein. Und trotz der Meckerei erschienen alle vollzählig in Pauls Garten. Sie platzten vor Neugier.

Natürlich glaubten sie dem Künstler nicht, dass die Gäste von der anderen Seite des Planeten es tatsächlich durch den Tunnel schaffen würden. Im Kern der Erde war es sehr heiß, da würde doch jedes Leben sofort verglühen, meinten die Gebildeten unter ihnen. Wenn es so einfach wäre, ein Loch zu buddeln und abzuhauen, wäre die halbe Eifel längst nach Neuseeland ausgewandert, witzelten andere.

Zum verabredeten Zeitpunkt kam Rauch aus dem Tunnel, ein Feuerwerk stieg zum Himmel, und aus den Lautsprechern ertönte Maori-Volksmusik. Die Maori selbst kamen zwar am Ende nicht, dafür gab es Würstchen und Bier. Die Menschen standen mit ihren Bierflaschen am Rand des Tunnels und schauten hinab in die verheißungsvolle Dunkelheit. Auf einmal fühlten sie sich wie Weltbürger, nur wenige Kilometer von Neuseeland entfernt.

»Lass den Tunnel mal auf«, sagten sie zu dem Künstler. »Man kann nie wissen, ob nicht doch noch einer kommt.«

Allgäu, die Himmelspforte

Eine Woche lang musste ich mich im Allgäu ständig kneifen, so unwirklich schön war diese Landschaft: das Gras übertrieben grün, die Berge am Horizont wie von Caspar David Friedrich gemalt, nur ohne Nebel, und die Kühe hatten derart verträumte Mäuler und runde freundliche Augen, als würden sie gerade in einem Softporno mitspielen. Überall auf der Welt hatten Kühe eigentlich einen traurigen Blick, weil sie vielleicht ihr Schicksal ahnten. Im Allgäu hatten sie einen ungemein erotischen Gesichtsausdruck, sie genossen offensichtlich jeden Augenblick ihres Lebens. Auch die Menschen im Allgäu sahen so übertrieben gesund aus, als würden sie nie husten. Man hätte sie roh essen können, so frisch und knackig wirkten sie. Außerdem sind sie den Fremden gegenüber unglaublich offen. In jedem kleinen Dorf leben dort Flüchtlinge, und die Einheimischen nahmen es als selbstverständlich hin, dass Menschen aus allen Ecken der Welt ins Allgäu wollten.

Ich hatte gedacht, die Berge würden die Leute konservativ und fremdenfeindlich machen. Kleine Hotels hießen hier »Fremdenzimmer«, Kneipen wurden als »Fremdenwirtschaft« bezeichnet, so als wollten sie damit sagen: »Willkommen Fremder, schön, dass du für gewisse Zeit unser Gast bist. Aber wenn du gehst, weinen wir dir nicht nach.« In Wahrheit wird Brüderlichkeit hier großgeschrieben. In jeder Kneipe kam der Wirt persönlich zu mir an den Tisch, um einem echten Russen die Hand zu schütteln und einen »Russ« mit mir zu trinken. So heißt dort ein mit Zitronenlimonade vermischtes Weißbier. Auf der Speisekarte haben sie unzählige Biersorten, die in jeder Fremdenwirtschaft nach eigenen geheimen Rezepten gebraut werden. Dazu essen sie Steinschafe, die besser als Hühnchen schmecken.

Diese Steinschafe sind eine tausend Jahre alte Rasse, die bereits von Ötzi persönlich gehütet wurde und später von Abel, bevor ihn sein Bruder, der Landwirt Kain, ermordete. Noch später fielen die Steinschafe dem Nationalsozialismus zum Opfer, erzählte mir einer ihrer Hirten: Hitler, obwohl angeblich Vegetarier, war ein zorniger Mann. Er suchte sich immer neue Feinde, um seinen Zorn zu stillen. Nachdem ihm die Juden, die Homosexuellen, die Waldorfschüler und die Behinderten ausgegangen waren, richtete er seinen Blick auf die kleinen Steinschäfchen. Die haben ihm überhaupt nicht gefallen.

»Ein gesunder Volkskörper braucht große und fette Schafe als Nahrungsquelle«, schrie der Führer und importierte Merinoschafe aus Italien nach Deutschland. Diese dicken großen Schafe mit den langen Ohren hatten die Römer einst aus Afrika nach Europa mitgebracht. Tiere mit langen Ohren kommen immer aus Afrika, sie sind dort der harten Sonne ausgesetzt und lassen sich die Ohren wachsen, damit sie ein wenig Schatten ins Gesicht bekommen. Die kurzsichtigen Steinschafe wurden vom Führer ausgemerzt.

Nach dem Krieg fuhren die Allgäuer durch ganz Europa in der Hoffnung, noch ein paar ihrer Ötzi-Schäfchen zu finden. Sie fanden auch welche – in Slowenien – und brachten sie ins Allgäu zurück.

Ich bin natürlich nicht zum Schafebesuchen ins Allgäu gefahren, sondern mit einem wichtigen Anliegen: Ich wollte an einer Kunstaktion teilnehmen, der Aufstellung der Himmelspforte »Porta Alpinae« auf dem Mittag. So heißt hier ein mittelgroßer Berg, denn wenn man am frühen Morgen hochsteigt, ist man gegen Mittag oben. Die »Himmelspforte«, ein aus Holzbalken gebautes Tor, das den Übergang in eine andere Welt symbolisiert, ist eine Erfindung des Natur- und Landschaftskünstlers Guenter Rauch, den ich sehr schätze.

Mich hat Aktionskunst schon immer interessiert, in

der letzten Zeit sogar noch mehr als bisher. Diese Art
Kunst erfordert Mut und zwingt die Menschen, mit
einer neuen Perspektive auf ihre Umgebung, auf das
eigene Tun und Lassen zu blicken. In meiner Heimat,
wo die politische Opposition von der Staatsgewalt zer-
schreddert und die Bevölkerung in Angst und Schrecken gehalten wird, sind Aktionskünstler beinahe die
Einzigen, die es mit Putins Regime aufnehmen. Ge-
mälde in ein Museum zu hängen war gestern – heute
geht der Künstler auf die Straße und spricht die Menschen direkt an. In manchen Fällen muss der Künstler
dabei sehr laut werden, damit die Menschen ihn hören
und ihre Angst überwinden.

Der größte russische Aktionskünstler, Pjotr Pawlenski, hat sich den Mund zugenäht, um zu warnen, dass
ohne Meinungsfreiheit keine bürgerliche Gesellschaft
existieren kann. Er hat sich die Hoden auf den Boden des Roten Platzes genagelt, um zu zeigen, dass der
Kreml alle Bürger an den Eiern gepackt hat. Er hat
die Tür der Lubjanka, des Hauptquartiers der sowjetischen Staatssicherheit, angezündet, um seine Empö-
rung über die Grausamkeit dieser Behörde auszudrü-
cken. Vor dem Gericht qualifizierte der Staatsanwalt
seine Kunst als schweres Verbrechen ab, vor allem die
angezündete Stasitür wurde Pawlenski sehr übel genommen. Die zerstörte Tür sei von großem histori-

schem Wert gewesen, behauptete der Staatsanwalt. Hinter dieser Tür waren viele wichtige Personen des russischen Kunst- und Kulturlebens gefoltert und umgebracht worden. Nicht zuletzt durch solche Aussagen verwandelte sich das Gericht in ein Zirkuszelt. Der angeklagte Künstler lud als Zeugen der Verteidigung drei Prostituierte von der Straße ein. Sie äußerten sich im Sinne der Anklage, diese Aktionen seien keine richtige Kunst, und mit seinem Handeln würde Pawlenski der jungen Generation ein negatives Beispiel geben. Die Nutten, das Gericht und das Regime hatten dadurch eine einhellige Meinung von Kunst und gaben zweifellos ein positives Beispiel für die junge Generation ab.

Pawlenski ist sicher ein Held, aber als solcher nicht zu beneiden. Man muss Eier aus Stahl haben, um in Russland als Aktionskünstler durchzuhalten. Ganz anders im Allgäu. Mein Freund Guenter hatte schon viele Himmelspforten hier aufgestellt, die Menschen bemerken etwas nur, wenn es gewissermaßen umrahmt ist. In einer früheren Aktion hatte Guenter den Einheimischen einige Dutzend Flüchtlinge gegenübergesetzt. Sie sollten einander durch eine Pforte anschauen und sich kennenlernen, ohne miteinander zu reden. Auf diese Weise haben die Menschen einander überhaupt erst richtig wahrgenommen.

Unsere Pforte trugen wir im Dienste der Völkerverständigung zu sechst auf den Berg Mittag hoch: zwei ältere Deutsche, zwei jüngere Syrer, ein Russe (ich) und ein junger Mann aus dem Senegal, der gerade seinen Abschiebungsbescheid bekommen hatte. Obwohl er seit zwei Jahren einen Arbeitsplatz im Allgäu hatte und dem Staat überhaupt nicht auf der Tasche lag, musste er Deutschland demnächst verlassen. Er hat aber seine Traurigkeit gut versteckt. Als ich ihn später beim Käsespätzle-Essen fragte, wie es ihm gehe, lächelte er höflich und sagte: »Passt scho.«

Die Gender-Theorie und
ihre Präsenz im Alltag

[handschriftliche Notiz: zentrale Frage / Projekt]

Besuch aus St. Petersburg kündigte sich bei mir an. Ein Ehepaar, alte Bekannte, wollten geschäftlich für längere Zeit nach Berlin kommen und fragten mich, ob ich ihnen wie im Jahr zuvor wieder das Gästezimmer zur Verfügung stellen könnte. Noch besser allerdings wäre es, wenn ich ihnen helfen würde, ein preiswertes Hotel in der Nähe zu finden. Diese einfühlsamen Menschen wollten nicht einen ganzen Monat lang meine Gastfreundschaft in Anspruch nehmen.

Mir war das recht. Wir hatten uns schon letztes Jahr beinahe jeden Abend beim Essen gestritten. Meine Bekannten waren voller Vorurteile gegenüber Europa. Sie glaubten alles, was ihnen im russischen Propagandafernsehen erzählt wurde. Dieser Glaube machte sie sexistisch und fremdenfeindlich. Die Ehe für alle und die Flüchtlingspolitik Deutschlands hielten sie für pervers und gefährlich. Durch ihre russische Propaganda-Brille auf Berlin schauend, witterten sie überall Verschwulung oder Islamisierung. Mich brachten diese Gespräche auf die Palme. Ich hatte wirklich keine Lust, noch einmal einen Monat lang darüber zu streiten, ob die Menschen ihre Lebensentwürfe selbst bestimmen oder dem Staat überlassen sollten. Also bemühte ich mich, ein Hotel für meinen Besuch zu finden.

In Berlin ist das nicht schwer. Der Tourismus blüht hier wie verrückt. An jeder Ecke schießen neue Hotels wie Pilze aus dem Boden, in unserer Straße haben sich gleich mehrere Hostels eingenistet. Ich habe sie mir angeschaut: kleine Zimmerchen mit mehreren Betten, anspruchslos eingerichtet, wenig Möbel, kleine Dusche, kein Balkon. Sicher gut für Studenten oder Schülergruppen, aber nichts für meine Russen. Herausragend schnuckelig schien mir dagegen die Pension »Johannes« nur hundert Meter von meiner Haustür entfernt, im Erdgeschoss eines Altbaus mit lustig bemalter Fassade. Ein großes Graffito an der Wand zeigte einen jungen Mann in seiner ganzen natürlichen Pracht, der den Betrachter verschmitzt anlächelte. Er war hyperrealistisch gemalt, was meiner Frau stets Anlass gab, die Pension »Johannes« als »Penision« zu verspotten. Die Gardinen an den Fenstern der Pension waren fast immer zugezogen, nur wenn die Putzkolonne kam, wurden sie beiseitegezogen. An diesen Tagen konnte man die aufwändige Einrichtung sehen, breite mit Samt überzogene Sessel, kleine barocke Tischchen, Stehvasen mit Sonnenblumen aus Plastik und Bilder an den Wänden, die gut trainierte sportliche Jungs zeigten.

Aus der öden Hotellandschaft ragte die Pension »Johannes« zweifellos heraus. Meine Besucher aus St. Petersburg wollten dort trotzdem nicht nächtigen, sie fühlten sich sofort in ihren Vorurteilen bestätigt. Sie meinten, diese Pension sei ein Hotel nur für Homosexuelle, sie hätten dort nichts zu suchen. Ich versuchte, sie aufzuklären, dass es bei uns in Europa keine Diskriminierung gab, jeder könne in der Pension »Johannes« absteigen. Meine Russen wollten davon nichts hören und zogen doch bei mir im Gästezimmer ein.

Gleich am darauffolgenden Tag bekam die Pension »Johannes« neue Dauergäste, die überhaupt nicht dem Klischee der Russen entsprachen. Eine Großfamilie mit Vertretern dreier Generationen zog in die Pension: zwei Männer, drei oder vier Frauen und jede Menge Kinder. Die Nachbarn erzählten mir, im »Johannes« würden nun Flüchtlinge aus Syrien leben.

Die Syrer zeigten sich offen. Sie zogen die Gardinen zur Seite und machten die Fenster auf, sodass es für die Kinder leichter war, durch das Fenster auf die Straße zu gelangen. Die Frauen verließen das Haus nie. Dem Geruch nach zu urteilen hatten sie zu tun:

Sie grillten irgendetwas im Hinterzimmer. Die Männer saßen dafür die ganze Zeit draußen unter dem Kastanienbaum auf der gegenüberliegenden Straßenseite. Sie hatten Klappstühle aufgestellt, Wasserpfeifen angezündet und blubberten jeden Abend friedlich vor sich hin. Den Pfeifenschlauch in der einen, das Smartphone in der anderen Hand, Kopfhörer im Ohr, verfolgten sie aus sicherer Entfernung die Entwicklung in ihrer alten Heimat.

Die Frauen schickten ab und zu ihre Kinder mit Tellern hinüber, um ihre blubbernden Männer mit neuen Leckereien zu verwöhnen. An manchen Abenden sangen die Frauen traurige Lieder. Es hörte sich wie leises Heulen an, als würde der Wind durch die Wüste pfeifen. Wenn man mit geschlossenen Augen an der Pension »Johannes« vorbeiging und nur den Geräuschen lauschte, wähnte man sich in einer exotischen Welt weit weg von Berlin: Die Frauen heulten, die Männer blubberten, die Kinder tratschten laut.

Mein St. Petersburger Besuch wusste diese kulturelle Vielfalt nicht so zu schätzen und fühlte sich noch mehr in all seinen Vorurteilen bestätigt.

»Passt auf, sie zünden noch das Haus mit ihrem Grill an«, meinte der Besuch.

Ich machte meine Tochter auf die Syrer aufmerksam.

»Darüber solltest du, liebe Nicole, in deinem Aufsatz über Gender-Theorie schreiben. Ein besseres Forschungsfeld als die Pension ›Johannes‹ findest du jetzt nirgends«, sagte ich zu ihr. Im Rahmen ihres Studiums der Europäischen Ethnologie an der Humboldt-Universität hatte Nicole Vorlesungen zur Gender-Problematik besucht. Sie wurden von einer älteren Dame gehalten, einer Professorin mit kurzen Haaren, die eine Hose trug und am Kinn so etwas wie ein Trotzki-Bärtchen. Gleich in der ersten Stunde bat die Professorin ihre Studenten, ihre momentane Situation zu beschreiben: Sie sollten kurz und prägnant zusammenfassen, was sie gerade taten. Die meisten schrieben, sie säßen in einem Seminarraum und hörten einer Frau zu, die vor ihnen stehe.

»Woran haben Sie denn festgemacht, dass ich eine Frau bin?«, fragte die Professorin. »Ich trage eine Hose, ich habe kurze Haare und einen Bart. Was hat euch zu dem Vorurteil gebracht, mich als Frau zu sehen?«

Die ahnungslosen Studenten hatten nicht erkannt, dass sie einem sexistischen Stereotyp zum Opfer gefallen waren. Aber bereits eine Woche später wussten sie, dass es keine festgelegten Geschlechter gab. Die Menschen waren in Wahrheit flexible Wesen, ihr Denken und ihr Verhalten änderte sich je nach Lust und Laune, und zusammen ergaben sie eine bunte frohe Welt.

Doch solche anarchischen Wesen ließen sich schwer regieren. Deswegen wurden sie auseinandergenommen und nach Hautfarbe, Alter, Heimatorten und sogenannten »Geschlechtern« getrennt – alles Dinge, für die sie eigentlich nichts konnten. In Wahrheit gäbe es keine Geschlechter, diese seien bloß Instrumente der Unterdrückung, mit denen alle Menschen, unabhängig von ihrem Aussehen, terrorisiert würden, meinte die Professorin.

Dieses neue Wissen fand Nicole zuerst ziemlich ekelig und wenig schlüssig. Immerhin hatten Männer und Frauen unterschiedliche körperliche Organe der Unterdrückung, also mussten sie auch unterschiedlich terrorisiert werden. Der Professorin gelang es jedoch, die Studenten von der Scheinheiligkeit solcher Argumente zu überzeugen. Denn letzten Endes ging es gar nicht darum, wer welche Organe hatte, sondern um den Umgang der Menschen miteinander.

Je tiefer Nicole in die Gender-Theorie eintauchte, umso ungerechter kam ihr die Welt vor. Beleuchtet mit der Taschenlampe der Gender-Theorie erschienen ihr eigenes Umfeld, ihre Freundinnen und Freunde, plötzlich in einem ganz anderen Licht. Die Blondinenwitze, über die sie noch vor Kurzem herzlich gelacht hatte, empfand sie auf einmal als beleidigend und geschmacklos. Alle schienen von einem Männerkult befallen zu sein, und selbst ihre besten Freunde benahmen sich wie kleine Tyrannen. Die Mädchen agierten unterwürfig und versuchten, diese peinlichen Situationen herunterzuspielen. In Geschäften, in der Straßenbahn, auf der Straße und in Kneipen wurden Frauen wie doofe, schwache und beschränkte Lebewesen behandelt. Sie durften keine schweren Taschen tragen, in öffentlichen Verkehrsmitteln nicht stehend fahren oder sich ein Bier kaufen. Meine Tochter flippte beinahe aus, als ein Freund sie in der Kneipe fragte, ob sie ein Bier wolle.

»Sag mal, spinnst du? Möchtest du vielleicht einen Blumenstrauß von mir geschenkt bekommen?«, erwiderte Nicole – es lief nämlich gerade ein Blumenverkäufer durch die Kneipe.

Von der Gender-Problematik fasziniert beschloss meine Tochter, ihre wissenschaftliche Arbeit dem Thema »Die Gender-Theorie und ihre Präsenz im Alltag« zu widmen. Dafür brauchte sie jedoch ein geeignetes ethnologisches Forschungsfeld in Europa. Also schlug ich ihr die blubbernden Syrer vor, ein krasses Beispiel der Unterdrückung: Warum ließen sie ihre Frauen und Kinder nicht an der Pfeife mitblubbern? Warum holten sie sich ihr Essen nicht selbst, statt ihre Kinder aus dem Fenster klettern und über die stark befahrene Straße laufen zu lassen? Und mussten es immer die Frauen sein, die kochten? Ist doch eine krasse sexistische Geste!

Nicole wollte über die Syrer nicht schreiben, sie waren ihr zu exotisch – als wären sie einer Zeitmaschine entstiegen, die in der Pension »Johannes« notgelandet war. Stattdessen beschloss sie, den Russenbesuch und ihre eigenen Eltern als Forschungsobjekte für ihre Arbeit zu nehmen. Sie nannte sie »Das Ritual ›Russisches Abendessen‹ aus der Sicht der Gender-Theorie«.

Ich wunderte mich sehr, als ich die Arbeit meiner Tochter las. Vor meinen Augen verwandelte sich unser gemütliches abendliches Beisammensein in ein wissenschaftliches Experiment:

»Selbst Essen und Getränke werden in maskulin und feminin geteilt«, schrieb Nicole. »Während Sekt als Frauengetränk von Männern abgelehnt und verächtlich als ›Schwulenwasser‹ bezeichnet wird, gelten Bier und Wodka als gewissermaßen natürlicherweise männlich und werden von ihnen selbst, ohne Rücksicht auf andere Essensteilnehmer, ständig eingeschenkt.«

Ja, Nicole wird von meinen Freunden oft ungefragt Limonade eingeschenkt, weil diese Freunde sie noch als kleines Kind kennen und nicht als Alkohol trinkende Wissenschaftlerin wahrnehmen.

»Auch bei Speisen wie Salat und Fleisch lässt sich eine geschlechtliche Differenzierung wahrnehmen, die bei Frauen mit dem gesellschaftlichen Schönheitsideal (geringes Gewicht) in Verbindung steht, bei Männern mit einer selbst propagierten Maskulinität, bei der eine Vorliebe für feminine Speisen wie Salat Ausdruck von Schwäche ist. Zitat Männer: ›Wir sind doch keine Kühe, die Blätter kauen.‹«

Tatsächlich hatten wir für den Abend eine Riesenschüssel Salat gemacht, den niemand zu Ende essen wollte. Und auf die wiederholte Aufforderung an die Männer, Salat zu essen, fiel der Satz mit den Kühen. Jedoch nicht um eine geschlechtliche Differenz zu unterstreichen, sondern aus einer eher allgemeinen Salatabneigung.

»Ähnlich gibt es auch in der Gestik geschlechtsspezifische Ausdrucksformen: Während Männer sich untereinander zur Begrüßung die Hand geben, wird eine Frau meistens umarmt oder auf die Wangen geküsst. Dadurch entsteht bei den einen eine Vorstellung von Autorität und Geschäftigkeit, bei den anderen der Anschein von Zartheit.«

Nicole selbst wird bei der Begrüßung oft von Freunden hochgehoben, dadurch entsteht die Vorstellung, dass sie sehr leicht ist.

»Ein weiteres Phänomen ist etwas, das ich ›sprechen von‹ oder ›sprechen über‹ nennen möchte. Bei Paaren, die zusammen an einem Abendessen teilnehmen, ist oft die Tendenz zu bemerken, dass der Mann für die Frau spricht. Gemeint ist damit nicht etwa ein ›Von-jemandem-Erzählen‹, sondern ein intensiveres Übernehmen des Sprechens und die Wiedergabe der persönlichen Meinungen des anderen, wobei diesem die eigene Stimme entzogen wird. Zitat: ›Sie möchte bestimmt keinen Salat, sie hat heute schon zwei gegessen.‹ Somit fällt es Frauen schwer, Zuhörer zu finden und die Anerkennung zu bekommen, die ihnen zusteht. Dies wird vor allem bei politischen Diskussionen sichtbar.«

Nicole hat sich bereits als Kind beschwert, dass die sogenannten Erwachsenen ihr nicht aufmerksam zuhörten. Jetzt hat sie dank der Gender-Theorie einen wissenschaftlich begründeten Beleg dafür.

»Ein derartiges Abendessen weist somit nicht nur ein patriarchales, sondern auch ein hierarchisches Verhältnis unter den Teilnehmern auf: Männer als sprechende Subjekte und Frauen als hilfsbereite Akteure. Männer als zuständig für Politik und Kraft und Frauen, die umsorgt werden müssen und sich zurückhalten. Eine Abweichung von der Norm wird schwer durchzusetzen sein, da sie sich dem Ritual widersetzt. Sie wird demnach nicht als positive Erneuerung, sondern als schlechtes Benehmen, kindliche Rebellion oder unhöfliches Verhalten wahrgenommen«, schrieb meine Tochter.

In Wahrheit war Nicole an diesem Abend die einzige Erwachsene, während wir eine kindliche Rebellion am Tisch veranstalteten. Wir haben uns angeschrien, und mein Besuch beschwor den Untergang des alten Europas, während ich konterte, Europa sei gerade dabei, sich neu zu erschaffen. Wir stritten laut, unsere Frauen hatten große Mühe, uns zu beruhigen, abschließend waren die Getränke alle und wir mit unseren Argumenten am Ende. Wir vertrugen uns wieder und gingen auf dem Balkon eine rauchen. Der Himmel über uns leuchtete voller Sterne, die Straße wirkte dagegen leer und still. Nur die Syrer blubberten leise unter dem Kastanienbaum vor sich hin.

Der orientalische Friseur

18,50 Euro waren für einen Männerhaarschnitt ein stolzer Preis, noch dazu bei einem gefährlich aussehenden Friseur. Trotzdem ging ich immer wieder zu ihm, weil der Mann mich zum Philosophieren animierte. Außerdem musste man dort keinen Termin vereinbaren, der Laden war immer leer. Mehrmals hatte ich erlebt, wie Menschen, kaum reingekommen, seinen Salon sofort wieder verließen. Sie hatten es mit der Angst zu tun bekommen, denn mein Friseur, ein Mann aus orientalischen Kulturkreisen, sah aus, als wäre er gerade von vorderster Front aus Syrien zurückgekehrt.

»Du bist Friseur«, sagte ich immer wieder zu ihm, »und trägst einen Bart, der riesiger ist als der von Marx und Engels zusammen. Was ist deine Botschaft? Was sollen deine Kunden von dir denken? Sollten nicht alle Friseure glatt rasiert und akkurat gekämmt sein?«

»Ich kann ohne Bart nicht funktionieren«, antwortete mein Friseur. »Das ist mein Radar, darin ist mein Orientierungssinn versteckt. Menschen, die sich rasieren, leben ohne Erinnerungen, sie beginnen jeden Tag aufs Neue. Mein Bart ist meine Vergangenheit.«

»Welche Erinnerungen kannst du denn in deinem Bart speichern?«, hakte ich nach. »Erinnerungen an das, was du beispielsweise vorgestern gegessen oder getrunken hast?«

»Mein Bart ist mein natürlicher Kompass«, behauptete er. »So etwas wie einen Bart haben doch viele Lebewesen. Katzen benutzen ihren Schnurrbart, um sich zu orientieren. Schneide der Katze den Schnurrbart ab, und sie wird sich nicht mehr vom Fleck bewegen. Vögel brauchen ihren Schnabel zum Fliegen: Wenn die Spitze des Schnabels weg ist, knallt der Vogel gegen den erstbesten Baum. Bei der Ziege sind es die Hörner, ohne sie wird sie langsam und unsicher. Noch mehr Beispiele?«

»Aber du bist ein Friseur und keine Ziege! Fliegst du gegen einen Baum, wenn du dich rasiert hast?«

»Reg mich nicht auf«, bat der Friseur. »Sonst schneide ich dir etwas Falsches ab. Seit meiner Kindheit trage ich diesen Bart. Menschen mit Bart sind bodenständiger, sie gehen gerade durchs Leben, also lass mich in Frieden.«

»Und was ist mit den Frauen?«, ließ ich nicht locker. »Frauen haben in der Regel keine Bärte, sind aber durchaus bodenständig und gehen gerade.«

»Frauen brauchen keine Bärte, um gerade zu gehen. Sie brauchen einen Mann mit Bart, der ihnen den Weg freimacht.«

»Du bist ein Fundamentalist«, sagte ich zu dem Friseur. »In deiner Heimat tragen fast alle Männer Bärte, und was hat es gebracht? In meiner Heimat hat der russische Zar Peter seinen Männern eigenhändig die Bärte abgehackt. Er wollte einen Rasierzwang einführen, damit die Menschen endlich Abstand zu sich selbst gewannen. Der rasierte Mann muss jeden Tag in den Spiegel schauen und bekommt auf diese Weise einen neuen Blick auf sich selbst und die Welt in seinem Rücken. Er will sich der Welt anpassen, deswegen rasiert er sich. Der rasierte Mann hat keine Angst vor der Zukunft, der bärtige dagegen versteckt sich hinter seinem Gesichtshaar bloß vor der Realität.«

»Seit deine Landsleute sich die Bärte rasiert haben, läuft doch in deiner Heimat alles schief«, unterbrach mich mein Friseur. »Deine Landsleute haben ihre Vergangenheit vergessen, sie haben hundert Jahre nur für die Zukunft gelebt, sie haben eine Revolution durchgeführt und dieser hellen kommunistischen Zukunft wegen ihresgleichen umgebracht. In ihrem Namen haben sie geackert, gelitten und getötet. Wann genau diese helle Zukunft eintreten würde, hat man euch nie gesagt, sie wurde immer wieder verschoben und korrigiert. Siebzig Jahre hat es gedauert, dann habt ihr sie aufgegeben zugunsten einer weniger hellen, bürgerlichen, europäischen Zukunft. Aber auch die kam nicht. Ein Vierteljahrhundert ist das her. Und inzwischen ist eure Zukunft an euch vorbeigelatscht, weil man seine Vergangenheit nicht abrasieren darf. Was machen deine Landsleute nun? Sie machen den Spiegel kaputt und lassen sich Bärte wachsen!«

»Nein, Bärte wachsen lassen ist keine anständige Beschäftigung«, widersprach ich. »Deine und meine Landsleute haben sich geirrt. Sie haben nicht verstanden, dass es keine Zukunft am Horizont gibt. Jedermanns Zukunft wird in den Hinterhöfen der Gegenwart gemacht. Nur das, was du heute tust, wird dein Leben morgen bestimmen. Tust du nichts, hast du morgen nur deinen Bart. Oder was sagst du?«, fragte ich den Friseur.

»18 Euro 50«, antwortete er.

Die Cottbuser Zukunft

Fast ein Jahr ist vergangen, seit unsere Brandenburger Syrer das Dorf verlassen haben mit der scheinheiligen Ausrede, sie hätten in unserem Dorf in beruflicher Hinsicht »keine Zukunft« gehabt. Wir waren ein wenig enttäuscht. Die Syrer hatten bei uns doch alles, was man zum Leben brauchte: eine Waschmaschine, Geschirrspüler, Kühlschrank, sie hatten sogar drei Damenfahrräder geschenkt bekommen! Was für eine Zukunft brauchte man da noch? Ihre Zukunft schien eine Fata Morgana, eine Illusion zu sein. Sie leuchtete immer irgendwo, nur nicht da, wo sie gerade waren.

Wir hätten den Syrern erklären können, dass die Zukunft kein Ort war, zu dem man einfach hinfahren konnte. Sie wird in mühsamer Handarbeit hier und jetzt hergestellt, Tag für Tag, Woche für Woche, Jahr für Jahr. Die beschränkten Möglichkeiten des Google-Übersetzers ließen jedoch eine derart philosophische Diskussion nicht zu. Sie sahen ihre Zukunft in Cottbus und nahmen die Damenfahrräder mit. Den Geschirrspüler ließen sie zurück, vielleicht dachten sie, in ihre Cottbuser Zukunft seien Geschirrspüler automatisch eingebaut.

Ab und zu, wenn wir uns im Haus des Gastes trafen, fragten wir uns, wie es den Syrern wohl ging. Wir beschlossen, sobald jemand aus dem Dorf nach Cottbus fuhr, solle er sie besuchen. Ich hatte dort zwar eine Lesung, aber erst im darauffolgenden Jahr. Mein Nachbar Matthias, ein pensionierter Tierpfleger, der im Cottbuser Zoo für die Elefanten zuständig gewesen war, fuhr allerdings zum alljährlichen Tierpflegertreffen im Herbst nach Cottbus. Er nahm einen Fotoapparat mit und versprach, unsere Syrer und ihre »Zukunft« zu knipsen.

Er hat sie nicht gefunden. Die Flüchtlinge hatten auf die Stadt wie ein Lackmuspapier gewirkt: Plötzlich zeigten die sonst immer etwas zurückhaltenden Bewohner ihre Farbe. Einige Tierpfleger, die Matthias für tolerante und weltoffene Menschen gehalten hatte, waren nicht gut auf die Syrer zu sprechen. Sie hatten Angst vor Überfremdung. Einige andere hatten sich jedoch als ehrenamtliche Flüchtlingshelfer engagiert. Zusammen mit Matthias fuhren sie zum WK 13, einem Wohnkomplex am Rande der Stadt, in den Syrer aus ganz Brandenburg gezogen waren.

Das hätte eigentlich nicht passieren dürfen. Flücht-

linge wurden in Brandenburg wie überall in Deutschland auf Kommunen und Gemeinden verteilt. Allerdings hatte das Land Brandenburg als eines der
wenigen Bundesländer auf die Wohnsitzauflage ver-
zichtet. Alle Syrer konnten sich nach Anerkennung
ihres Asylstatus frei bewegen. Sie hatten vom Land-
leben die Nase voll und waren der Meinung, in den
hiesigen Großstädten halte sich ihre Zukunft versteckt.
Aber wie viele Großstädte hat Brandenburg? Weniger,
als man denkt. Potsdam ist bloß ein Schloss mit Park-
anlage, Frankfurt/Oder ein Grenzübergang mit Uni-
versität. Die einzig größere Stadt Brandenburgs ist
Cottbus, eine Stadt mit einem Opernhaus und einem
Wasserfall auf dem Marktplatz.

Also sind nicht nur unsere Syrer, sondern alle Brandenburger Flüchtlinge nach Cottbus gezogen. Ihr
Geld ist aber nicht mitgekommen. Für jeden Flüchtling zahlt die Bundesregierung, sie gibt Geld für die
Integration der Neuankömmlinge aus. Wenn diese
Neuankömmlinge aber wegziehen, weiß die Regierung
nichts davon und überweist das Geld fleißig weiter an
die Dörfer und Kommunen, damit diese ihre Flüchtlinge besser integrieren, die jedoch längst in Cottbus
sind.

Die Stadt wurde von so viel Einwanderung kirre. In
ihrem städtischen Entwicklungsplan war nicht vorge-

sehen, »die Zukunft für alle Brandenburger Syrer zu gewährleisten«. Andererseits erwiesen sich die Syrer als unproblematische Nachbarn. Sie gingen selten aus, saßen in ihren Wohnungen und kochten Süßes.

Die Wohnblocks im WK 13, die mein Nachbar Matthias fotografierte, sahen exakt wie die Häuser meines Ausländerheims in Berlin-Marzahn in der Köthener Straße aus, einem ehemaligen Erholungszentrum für Stasimitarbeiter, in dem ich als frisch angekommener Flüchtling vor 27 Jahren einquartiert worden war. Nur mit dem Unterschied, dass vor unserem Haus in Marzahn alte sowjetische Autos standen und vor den Häusern der Syrer in Cottbus nur Fahrräder. Ein weiterer Unterschied war, dass in unserem Heim ausschließlich Flüchtlinge gewohnt hatten. Wir hatten ein Haus mit Afrikanern, eines mit Vietnamesen und eines mit Menschen aus allen ehemaligen Republiken der Sowjetunion. Die allgemein benutzte Sprache war Russisch, da auch die Afrikaner und Vietnamesen letztlich aus sozialistischen Ländern gekommen waren, in denen sie Russisch hatten lernen müssen. In Cottbus aber lebten im WK 13 deutsche Familien in den gleichen Blocks wie die Syrer.

Die Deutschen konnte man hier leicht finden, weil ihre Namen auf den Gegensprechanlagen standen. Bei den Syrern stand auf allen Klingeln »Caritas«. Das verschaffte den Syrern zweifellos Vorteile den Einheimischen gegenüber. Der Briefträger konnte ihnen keine Strafzettel und keine Mahnungen für nicht bezahlte Rechnungen überbringen. Wie sollte das gehen, wenn sie alle »Caritas« hießen? Die syrische Post wurde in einer speziellen Wohnung im Erdgeschoss gesammelt und von einem überforderten Sozialarbeiter nach Lust und Laune bearbeitet. Auch unterschieden sich die Wohnungen darin, dass die deutschen Nachbarn Gardinen und Geranien an ihren Fenstern hatten und die Flüchtlinge nicht. Aus Mangel an Sozialarbeitern sind sie in Sachen Fassadenverschönerung noch nicht richtig aufgeklärt worden.

Als Matthias unsere Syrer nicht anhand der Namen auf den Gegensprechanlagen finden konnte, dachte er, er müsste sie mit Sicherheit an ihren Fahrrädern wiedererkennen. Immerhin war eines davon lange Zeit das Rad seiner Frau gewesen und zigmal eigenhändig von ihm repariert worden. Er hat also alle Fahrräder vor den Häusern gecheckt, aber kein ihm bekanntes gefunden. Matthias ließ jedoch nicht locker. Er ging zum zuständigen Sozialarbeiter, der sich gerade mit der syrischen Post beschäftigte und angeblich alle Syrer persönlich kannte, beziehungsweise sie problemlos in seinem Computer finden könnte, wie er meinte. Aber alles war vergeblich.

»Na ja«, sagte Matthias später zu mir. »Wir haben uns nichts vorzuwerfen. Wir haben sie gewarnt. Jetzt haben sie den Salat.«

Die Cottbuser Zukunft hat unsere Syrer mitsamt ihren Fahrrädern verschluckt.

Durchfall und Husten

Aus meiner Zeit in der Sowjetunion wusste ich: Glaube nie dem Staat aufs Wort, er nutzt dein Vertrauen aus, um dich in blöde Situationen zu locken und deine Leichtgläubigkeit für seine Zwecke zu missbrauchen. Anders als ich trauen heute viele meiner Landsleute ihrem Staat allerdings und werden so zu Kollateralschäden in einem Propagandakrieg. Das musste ich kürzlich wieder feststellen, als ich mit meiner Frau Unter den Linden spazieren ging und an der Ecke Friedrichstraße eine russische Familie in der Krise traf: Mann, Frau und Tochter, die einen großen Koffer vor sich hin rollten und vollkommen verwirrt und verloren aussahen. Sie hörten, wie ich mit meiner Frau Russisch sprach, und wandten sich an uns.

»Gott sei Dank!«, meinte die Frau. »Sie helfen uns. Wie kommen wir zu Fuß zum Flughafen?«

»Äh?«, fragte ich zurück. »Wieso das?«

»Wegen der Masernepidemie! Man darf nicht mit

den Einheimischen reden!« Das Familienoberhaupt machte große Augen.

»Warum nicht?«, erkundigte ich mich.

»Ach, Sie wissen das nicht? Das wird Ihnen von Ihrer Regierung verheimlicht: Ihr habt hier in Deutschland eine Epidemie! Eine Masernepidemie, von den Flüchtlingen eingeschleppt. Es sind Viren von einer ganz anderen Art, gegen syrische Masern hilft keine europäische Impfung! Heute früh hat das russische Tourismusministerium eine Warnung ausgegeben. Alle russischen Touristen sollen Mundschutz tragen, mit Einheimischen nicht in Berührung kommen, nicht reden, keine Restaurants und Geschäfte besuchen und am besten so schnell wie möglich aus dem untergehenden, infizierten Europa zurück nach Hause fliegen. Wie kommen wir also zum Flughafen ohne Taxi und ohne Bahn?«, fragten mich die Russen noch einmal.

Sie waren mit den Nerven am Ende. Sie wurden nämlich alle zehn Minuten von ihrer Verwandtschaft und von Freunden angerufen. Alle wollten wissen, ob sie noch am Leben waren.

»Das ist doch alles Propaganda«, versuchte ich, sie zu beruhigen. »Ich schaue gleich im Netz nach, ich habe nichts von einer Epidemie gehört. Ihr habt doch gesehen: Euer Putin hat sich letzte Woche mit Frau Merkel ohne Mundschutz und ohne Angst unterhalten. Er hat ihr sogar die Hand gegeben. Also kann es nicht so schlimm sein«, meinte ich, googelte aber für alle Fälle »Masern in Deutschland«. Es kam tatsächlich eine Nachricht: Wegen eines Masernausbruchs waren ein Kindergarten und eine Schule in Duisburg geschlossen worden.

Das russische Staatsfernsehen denkt sich die deutschen Nachrichten nicht bloß aus. Nein, es nimmt eine kleine Fliege und macht daraus einen Elefanten. Auf Dauer ist das kaum erträglich, die Menschen drehen massenhaft durch. Ich habe die Russen nicht beruhigen können, wusste allerdings auch nicht auf Anhieb, wie man zu Fuß von der Friedrichstraße nach Tegel kam.

»Nutzt das Internet«, empfahl ich.

»Wie können Sie hier nur leben«, bemitleidete mich die russische Familie. »Man kann sich doch gar nicht vorstellen, wie viele Mikroben, wie viele Krankheiten diese Flüchtlinge mitbringen. Da reicht keine Medizin aus, um die Gefahren zu bannen. Na ja, wir haben immerhin noch die sowjetische Impfung.«

In der Sowjetunion wurden alle Kinder gleich im Kindergarten mit einer Riesenspritze gegen alle Krankheiten der Welt geimpft, und die Wirkung hält ewig. Keine Mikrobe der Welt kann uns etwas antun. Außer Durchfall und Husten.

Zahntechnikeremigration

Mein neuer Freund Kyrill erzählte, als Kind habe er oft im Schlaf telefoniert. Im Traum wurde er von einem Unbekannten angerufen, und eine fremde kratzige Stimme forderte ihn auf, sofort seinen Rucksack zu packen: »In zehn Minuten heben wir ab!« Hektisch versuchte Kyrill, seine Sachen zu packen, aber es gelang ihm nicht. Entweder fielen sie wieder aus dem Rucksack, oder er konnte etwas sehr Wichtiges, was er auf keinen Fall in der Wohnung lassen durfte, nicht finden. Er schwitzte vor Anstrengung und wachte schweißgebadet auf. Es war klar, im Traum würde er die Maschine immer verpassen. Sie flog ohne ihn ab.

Die meisten Menschen wissen als Kinder gar nicht, was sie werden wollen, müssen sich aber trotzdem etwas Gescheites einfallen lassen. Also antworten sie auf die entsprechenden Fragen der Erwachsenen mit »Flieger« oder »Musiker«, nur um in Ruhe gelassen zu werden. Kyrill sagte, er wolle Zahntechniker werden. Seine Eltern waren Zahnärzte, sie hörten das gern.

Natürlich war eine solch glatte Lüge leicht zu durchschauen. Es gibt kein Kind, das Zahntechniker werden will. In Kyrills Phantasie waren Zahntechniker kleine Zwerge, die mit emsigen Händchen Goldzähnchen putzten. Er dagegen wollte einmal um die Welt fliegen, mit oder ohne Rucksack, egal.

Kaum von den Eltern unabhängig geworden, flog er los. Er arbeitete als Bademeister in einem Spaßbad in Israel und wurde später Koch in einem chinesischen Restaurant. Um wichtige gastronomischen Erfahrungen reicher kehrte er nach Moskau zurück und wurde Zahntechniker. Ein guter. Er studierte das Handwerk lange, machte seine eigene zahntechnische Schule auf und besaß ein eigenes Labor, verlor alles wieder und wanderte nach Berlin aus – auf Einladung eines Kollegen, der wiederum von einem anderen Kollegen im Rahmen einer laufenden Zahntechnikeremigration eingeladen worden war.

In Russland herrscht nämlich derzeit eine ziemliche Berufslosigkeit. Nur wenige Berufsgruppen können sich dort sicher fühlen. Am besten geht es denjenigen, die für den Staat in der Erde bohren: den Öl- und Gasarbeitern sowie deren Überwachungspersonal. Sicher fühlen sich auch die Sicherheitskräfte, Nationalgardisten, Knastaufseher, Polizisten und Wachmänner aller Art. Es gibt auch für einige Künstler gut zu tun, für Sänger und Schauspieler, die am Wochenende für das Unterhaltungsprogramm entlang der Pipelines sorgen. Auch sie werden selbstverständlich überwacht. In Russland ist es wie im Weltall: Alles, was man nicht fest in der Hand hält, fliegt weg.

Jedes Jahr lerne ich in Berlin Angehörige einer neuen Berufsgruppe kennen, die sich gerade auf die Beine gemacht hat. Zuerst kamen die Wissenschaftler, dann die Sportler, die Journalisten, die Informatiker, jetzt sind die Zahntechniker an der Reihe. Die zahntechnische Auswanderung funktioniert wie folgt: Ein Kollege, der bereits in Deutschland arbeitet, stellt neue Techniker aus Russland ein, sodass sie ein Arbeitsvisum bekommen. Er nimmt allerdings nur gute Zahntechniker, sprich solche, die bereits Kunden in Russland haben. Ihre russische Kundschaft können sie nämlich von Berlin aus genauso gut beliefern, als würden sie in Moskau sitzen. In Berlin bekommen sie weniger Geld und müssen ihren Gewinn mit ihrem Gastgeber teilen, dafür haben sie bessere Arbeitsbedingungen. Sie können in Ruhe arbeiten ohne Angst, dass eine Spezialeinheit ihr Dentallabor zumacht. So hat nämlich Kyrill seinen Arbeitsplatz verloren. Menschen in Tarnanzügen besetzten sein Labor und meinten, sie bräuchten dringend seine Räume, um die Sicherheit des Landes besser gewährleisten zu können.

Bei der Arbeit und zu Hause hörte Kyrill Rammstein. »Und ich flieg und ich flieg, heute Nacht heb ich ab, jede Nacht lieg ich wach, jede Nacht bin ich high, jede Nacht heb ich ab, heute Nacht flieg ich frei...« Viele Russen, die ich kenne, sind in Rammstein vernarrt. Sie halten diese Band für deutsche Folklore. Mein Freund erklärte, er wolle durch diese Musik das Land besser verstehen.

Ich konnte über so viel Leichtsinn nur lachen. Das Land über Musik kennenlernen? Das ging vielleicht im Mittelalter, als der Schlüssel zum Verständnis einer fremden Kultur tatsächlich in ihrer Folklore lag. Heute besingen alle das Gleiche: Fliegen, Abheben, Wegseinwollen. Nur die Fluggeräte unterscheiden sich von Land zu Land. Die Russen singen von Raketen und Kanonen: »Letzte Zigarette vor dem Start«, »Schwarzer Rabe, lass uns kreisen« und die »Hymne der Kosmonauten«. Die Deutschen geben sich bescheiden, sie haben ihre »99 Luftballons«, und das ist gut so. Die Amerikaner sind unglaubliche Angeber, sie wollen wie Superhelden ohne alles fliegen: »I believe I Can Fly« singen sie und versetzen die Welt in Angst und Schrecken.

Kyrill erzählte mir, welche Musik die Araber hörten. Mein Freund ging nämlich in den Integrationsunterricht. Das musste neuerdings jeder, der in Deutschland arbeiten und seine Arbeitspapiere verlängert haben wollte. Dort saß Kyrill zusammen mit Syrern und Irakern und blätterte im Integrationslehrbuch »Deutschland in sechzig Tagen«, das ihnen als Neuankömmlinge »europäische Werte, Kunst und Kultur« näherbringen soll. Ihre Lehrerin wollte cool und unkonventionell unterrichten. Sie war überzeugt, Integration sei für beide Seiten eine Chance, einander besser zu verstehen.

»Ich möchte«, sagte sie daher, »als Deutsche mehr über Ihre Kulturen erfahren.« Sie bat ihre Schüler, ihre Lieblingsmusik zum Unterricht mitzubringen. Sie rechnete wahrscheinlich mit einer Menge wurzeliger syrischer und russischer Folklore. Die Ergebnisse waren für sie deswegen überraschend. Kyrill brachte Rammstein, die Syrer hatten sich für Capital Bra entschieden, einen russischstämmigen deutschen Rapper, den sie gerade große Klasse fanden. Kyrill und ich hatten noch nie von ihm gehört, und die Lehrerin hat sich über die Auswahl sehr gewundert.

Ich fragte später meinen Sohn, der viel Rap hört, wer der Kerl sei. Sebastian meinte, er sei in Deutschland gut bekannt und nicht schlecht, aber eigentlich eine Kartoffel, das heißt, er rappt nur auf Deutsch, obwohl seine Eltern aus Sibirien kommen und er selbst in der Ukraine aufgewachsen ist. Es gibt drei Gruppen von Rappern mit Migrationshintergrund in Deutschland. Die einen singen aus Prinzip nur in ihrer Heimatsprache – diese Art Patriotismus ist gerade bei den arabischen Jungs beliebt. Dann gibt es welche, die mixen: halb Muttersprache, halb Deutsch, wobei man merkt, dass sie beide Sprachen nicht gut beherrschen. Die letzte Gruppe sind Migrantenkinder, die nur auf Deutsch singen. Das sind die »Kartoffeln« unter den Rappern.

»Und? Träumst du noch immer vom Fliegen?«, fragte ich Kyrill.

»Ich weiß nicht. Vielleicht«, erwiderte er. Er könne sich an seine Träume nicht erinnern.

Ich glaube, wir haben alle die gleiche Marotte. Wir sind alle zum Fliegen geboren, wir alle haben diesen Traum. Wir telefonieren im Schlaf, können uns beim Aufwachen aber nicht an das Gespräch erinnern.

Haben wir es geschafft?

»Warum ticken deine Russen so konservativ?«, wundern sich meine deutschen Freunde. Ich nehme meine Landsleute dann immer in Schutz.

»Sie sind nicht konservativ«, sage ich, »sondern vom falschen Sozialismus beschädigt.«

Ich weiß, dass viele meiner Landsleute, die in Deutschland leben, AfD wählen und über die Flüchtlinge schimpfen. Sie sind keine bösen Menschen, die jeden Fremden am liebsten sofort erwürgen würden, und auch keine leichtgläubigen Analphabeten, die dem aufkommenden Populismus auf den Leim gegangen sind. Viele von ihnen sind klug, belesen und gut gebildet. Sie sind bloß durch ihre Erfahrungen in der sozialistischen Sowjetunion verdorben. Die aufgezwungene Freiwilligkeit des russischen Sozialismus hat aus uns misstrauische Zweifler und Zyniker gemacht. Viele haben jetzt Angst, im Internet mit dem Wahlomat zu spielen. Denn egal wie liberal sie sich geben, es kommt immer irgendetwas Rechtsradikales dabei heraus.

Sie sind zum Beispiel gegen kostenlose Kindergärten, weil sie alle in kostenlosen Kindergärten aufgewachsen sind, und diese Kindergärten waren schlecht. Sie sind gegen kostenloses Mittagessen in der Schulkantine, weil sie wissen: »Nur den Speck in der Mausefalle gibt es umsonst.« So lautete eine alte sozialistische Weisheit. Wir haben alle in den sowjetischen Schulen für zehn Kopeken gegessen und noch immer Bauchschmerzen davon.

»Leute, die kein Geld für den Kindergarten haben, sollen eben selbst mit ihren Kindern mehr Zeit verbringen und nicht auf die anderen hoffen«, sagte mir neulich eine Landsfrau, die sich eigentlich als überzeugte Demokratin begreift und die Solidarität im eigenen Freundeskreis sehr zu schätzen weiß.

Echte Demokratie kann aus russischer Sicht nur dann gut funktionieren, wenn das Wahlrecht beschränkt wird. Idioten sollten nicht wählen dürfen. Rentner lieber auch nicht. Überhaupt müssten alle vom Staat Abhängigen zu Hause bleiben. Es sollten am besten nur diejenigen wählen dürfen, die diesem Staat mindestens einen Groschen mehr zahlen, als sie von ihm bekommen. Einer, der nur nimmt, wird immer den wählen, der ihm am meisten verspricht – und das ist Populismus pur, meinen die Russen.

Deswegen machen sich meine Landsleute viel mehr

Sorgen um Europa als hier geborene Deutsche, die zu naiv und blauäugig sind. Sie wissen nicht, wie schnell ein Staat kippen kann. Die Russen wissen es. Ob Liberale oder Konservative, sie alle sehen die europäische Welt in der Gefahr unterzugehen. Die einen behaupten, Europa stehe kurz vor dem Abgrund, die anderen meinen, es sei schon längst im freien Fall. Je nachdem, wie viel russisches Propagandafernsehen sie sehen.

Die meisten in Europa lebenden Russen sind auf das russische Fernsehprogramm abonniert, das sie aus dem Internet, über Kabel, Satellit oder einfach so aus der Luft bekommen, selbst wenn sie es nicht wollen. Wie die Tentakel einer riesigen Krake findet das russische Programm sie überall auf der Welt. Man kann sich nicht davor verstecken. Dieses Programm bringt ausschließlich schlechte Nachrichten aus aller Welt mit Ausnahme Russlands, dem zurzeit einzigen Land, das laut eigenem Fernsehen keine schlechten Nachrichten hergibt. Der Untergang Europas und die Schwächung Amerikas sind dort die wichtigsten Themen, und Russland ist der letzte sichere Zufluchtsort in einer an allen Ecken brennenden Welt. Wie eine eiserne Friedenstaube fliegt dieses Russland irgendwo zwischen Syrien und der Ukraine hin und her und kackt friedvoll auf die Köpfe der »westlichen Partner«, wie der russische Präsident seine Kollegen hämisch nennt.

Jedes Nachrichtenprogramm im russischen Fernsehen spricht nämlich mit Putins Stimme.

Meine Mutter empfängt wie die meisten in Deutschland lebenden Russen russische Programme. Ihr Fernseher läuft den ganzen Tag, sehr zum Unmut ihres Nachbarn Wolfgang. Ob Mama kocht, liest oder strickt, der Fernseher ist an. In letzter Zeit ist meine Mutter etwas schwerhörig geworden, also dreht sie das Gerät auf maximale Lautstärke. Daraufhin beschwerte sich Wolfgang mehrmals bei mir, er habe allmählich das Gefühl, neben Wladimir Putin zu wohnen. Jeden Tag redet Putin aus Mutters Glotze. Mal klagend, mal erbost geißelt er die Unfähigkeit des Westens, die russische Seele zu verstehen.

Und Wolfgang dreht langsam durch. Für ihn ist der russische Präsident zu einem real existierenden Nachbarn geworden, der hinter der dünnen Wand seiner Küche wohnt. Wenn Wolfgang kochen geht, beginnt Putin hinter der Wand zu murmeln. Wolfgang hat sich schon beim Kochen geschnitten, weil ihm die Hände zittern, wenn er den russischen Präsidenten hört. Er hat sogar schon einmal von ihm geträumt. In seinem Traum trug Putin Kochschürze und -haube und erzählte Wolfgang, dass er alles falsch zubereite. Im Traum zeigte ihm Putin sogar, wie man richtig Bratkartoffeln machte: mit Knoblauch statt Zwiebeln. Ich solle daher mit meiner

Mutter darüber reden, ob es möglich wäre, Putin ab und zu auszustellen, bat er mich.

Meine Mutter wunderte sich sehr, als ich sie darauf ansprach. Sie hört Putin nämlich gar nicht. Der ist immerhin seit achtzehn Jahren in der Glotze. So lange hatte es nur unser Generalsekretär Leonid Breschnew ausgehalten, der allerdings die letzten fünf Jahre so gut wie nicht mehr reden konnte. Zumindest konnte ihn niemand mehr verstehen. Die Genossen gaben sich nicht einmal mehr Mühe, ihm zuzuhören. Sie haben aufs Geratewohl geklatscht, wenn Breschnew eine Pause in seinem Gegurgel einlegte.

Meine Mutter ist von der alten Schule. Für sie ist der Präsident im Fernsehen bloß ein Geräusch, ein Zeichen der Stabilität. Nichts kann in der Welt geschehen, solange er im Fernsehen weitergurgelt, so denkt sie. Für meinen Nachbarn ist es umgekehrt ein Zeichen des Untergangs. Er glaubt, wenn es so weitergeht, wird Putin bald aus Mutters Fernseher direkt in seinen Kopf umziehen. Dann kriegt er den Russen gar nicht mehr raus.

Aufgrund seiner Beschwerde habe ich versucht, schnurlose Kopfhörer in Mamas Haushalt einzuführen und mir dabei einen ganzen Abend lang Putin angehört. Er spricht in der Tat viel und gerne über die Gefahren für Europa und über Flüchtlingsströme. Einmal bezeichnete er diese Ströme als humanitäre Waffe. In seinem Spionenkopf sitzt noch immer das Weltbild, das uns seinerzeit in der Schule vermittelt wurde: Alles, was auf der Welt passiert, ist eine gut geplante Provokation des Feindes. Jede Aufrichtigkeit in der Politik ist nur vorgetäuscht, und das Chaos wird immer von feindlicher Hand gelenkt. Genauso ist es auch mit den Flüchtlingsströmen, dieser neuen humanitären Waffe unseres Jahrhunderts. Irgendwo weit hinter der Wüste, wahrscheinlich an der Wall Street, sitzt der Strippenzieher, der diese Ströme lenkt.

Die Flüchtlingshilfe der Europäer ist in seinen Augen ein Zeichen der Schwäche. Durch sie stellen sich die Europäer selbst eine Falle: Je mehr Flüchtlingshilfe sie leisten, umso mehr Flüchtlinge ziehen sie an. Er selbst gibt nur reichen Flüchtlingen in Russland Asyl. Dem geschassten ukrainischen Präsidenten zum Beispiel, der bei Moskau sein altes Schloss mit Straußen auf dem Hof wieder aufgebaut hat. Daneben wird möglicherweise bald der syrische Präsident mit Familie einziehen. Sie haben beide gut verdient und können problemlos für sich sorgen.

»Wir helfen unseren Freunden immer gern, aber fremde Menschen ohne Geld ins Land zu lassen, auf so eine Idee kommen nur die Deutschen, diese unverbesserlichen Romantiker«, sagt Putin und zieht seine übliche Grimasse aus der Serie »Wenn Blutegel lächeln könnten«.

Der Präsident tut mir eigentlich leid. Auch er ist durch unsere gemeinsame Vergangenheit beschädigt. Auch bei ihm haben kostenlose Kindergärten sicher zu Albträumen geführt und das sozialistische Mittagessen in der Schule erstens zu Bauchweh und zweitens zu einem lebenslangen Misstrauen den guten Absichten der anderen gegenüber. Doch in einem hat er Recht: Meine deutschen Freunde handeln viel sozialistischer als die Russen. Sie wissen das Selbstgemachte, das Mitgebrachte und das Geschenkte besser zu schätzen als das für teures Geld Gekaufte. Das Eigene wird von Herzen gemacht und nicht des Gewinnes wegen.

Jedes Jahr vor Weihnachten verteilen wir im Dorf die Adventsfeiern. Zu jedem Advent wird bei uns in einem anderen Haus Glühwein gekocht, und das ganze Dorf ist eingeladen. Die Menschen pendeln jedes Wochenende von Haus zu Haus und bringen meistens etwas Eigenes mit. Unsere Syrer kamen nie mit uns Advent feiern. Auch bevor sie nach Cottbus zogen, waren sie nicht gekommen. Sie tranken keinen Glühwein und feierten kein Weihnachten. Sie waren aber gläubige Menschen – sie glaubten an Cottbus. Diese Stadt schien in ihren Augen das Gelobte Land zu sein.

Cottbus sollte sich eigentlich über die Zugezogenen freuen. Seine Bevölkerung schrumpft nämlich seit Jahren. Die Stadt hat jetzt um die 100 000 Einwohner, und wenn es weniger werden, fallen die Zuschüsse weg. Dann wäre Cottbus arm dran. Die Syrer könnten das Gelobte Land retten, aber anscheinend ist dort irgendetwas schiefgegangen.

Durch ihren Weggang ist bei uns im Dorf deutlich weniger los. Als wären nicht zwei Familien, sondern das halbe Dorf weitergezogen. Meine Nachbarn betrachten ihre Rettungsmission als erledigt. In Herzensberg, zwei Dörfer von uns entfernt, hat es in der dortigen Turnhalle bereits eine Feierstunde für die freiwilligen Flüchtlingshelfer gegeben. Mein Nachbar Matthias, der Vorsitzende des »Syreralistischen Komitees zur Rettung der Welt« a.D., ging hin und fühlte sich sofort in die gute alte DDR zurückversetzt:

Wie beim Fahnenappell wurden die zur Auszeichnung Vorgesehenen nach vorne gerufen, dann listete der Amtsleiter laut ihre Heldentaten bis ins kleinste Detail auf, sie wurden ausdrücklich belobigt und mit Händedruck verabschiedet. Zwischendurch sang ein deutschsprachiger Mädchenchor romantische Hymnen an die Hürden des Lebens. Der Amtsleiter trank zwei Bier und erläuterte in einer ausführlichen Rede die Gründe, die die Flüchtlingshelfer bewogen hätten, ihre Heldentaten zu vollbringen. Er streifte etwas länger die Weltpolitik, geißelte den amerikanischen Imperialismus, der sich gerne an der Ausbeutung der armen Länder beteilige und den Kopf in den Sand stecke, wenn es darum ginge, die dadurch hervorgerufenen Schäden zu beseitigen. Von Frau Merkel redete der Amtsleiter in den höchsten Tönen, gerade so, als wäre sie die Generalsekretärin der DDR.

»Wir haben es geschafft, Genossin Merkel! Dank der engagierten Arbeit unserer Behörde und der vielen parteilosen Helfer«, so lautete das Fazit des Amtsleiters.

Nach einer Stunde des Feierns bekam jeder Helfer ein Geschenk: ein Holzbrett mit einer Porzellanmarke drauf. Mein Nachbar brachte mir seine Auszeichnung. Er vermutete, die Dinger wären aus alten DDR-Beständen hervorgekramt und einst in der Sowjetunion hergestellt worden, denn kein anderes Land könne einen solchen irren Kitsch produzieren. Er wollte das Ding nicht mit nach Hause nehmen, also steht es jetzt in meiner Küche: ein kleines Holzbrett, auf dem ein süßes kleines Boot zu sehen ist, das auf einem dunkelblauen endlosen Meer der Sonne entgegensteuert. Ein Symbol der Hoffnung? Man sollte das Boot unbedingt unterstützen, ihm ein wenig Wind in die Segel pusten.

»Wie soll ich nun weiterleben – ohne Aufgabe?«, wit-

zelte mein Nachbar Matthias. Draußen weihnach-
tete es schon wieder. Unser See war in Teilen zugefro-
ren. Im Backsteinhaus, wo die Syrer gewohnt hatten,
brannte kein Licht, und es roch nicht mehr nach Ka-
ramell.

Wir hatten es also geschafft. Schade eigentlich. Aber
es kursierten bereits Gerüchte im Dorf, bald würden neue Flüchtlingswellen erwartet, und wir würden
möglicherweise neue Syrer bekommen. Diesmal wahrscheinlich aus Afrika.

Epilog

Oft höre ich, Integration hätte keine Chance. Diese ganzen Flüchtlinge seien wie Außerirdische, sie kämen aus einer anderen Kultur, hätten skurrile Vorstellungen von Richtig und Falsch, verstünden unsere Sprache nicht und fänden unsere Bräuche und Sitten lachhaft. Es würde eine Ewigkeit dauern, sie zu Europäern umzuerziehen! Und wir könnten keine Ewigkeit für die Integrationsarbeit einplanen. So lange können wir nicht warten! Sagen die Pessimisten.

Die Optimisten sagen, die Menschen sind nicht alle gleich. Beim einen klappt alles, beim anderen nicht. Jeder hat ein eigenes Schicksal. Einige der Neuankömmlinge werden es nicht schaffen und zurückgehen. Andere werden ihre Kinder auf die Schule schicken und Arbeit finden. Die Kinder werden ihr neues Leben hier für das einzig richtige halten und ihre Kinder sowieso. Sagen die Optimisten.

Und ich, was sage ich? Ich komme aus einer jüdischen Familie. Wenn man den alten Schriften Glauben schenken darf, haben meine Vorfahren nach ihrem Auszug aus Ägypten vierzig Jahre gebraucht, um ihrem Volk einen neuen Lebensentwurf nahezubringen. So lange liefen sie in der Wüste hin und her und übernachteten unter freiem Himmel auf heißem Sand. Angeblich hätten sie damals viel schneller die Wüste durchqueren können. Doch ihre Anführer warteten, bis die letzte Erinnerung an die Sklaverei verblasst war. Als freie Menschen sollten sie die Wüste verlassen.

Später zogen meine Vorfahren vom Nahen Osten nach Europa. Zuerst nach Spanien, als der spanische König es ihnen erlaubte, später nach Österreich, Rumänien und in die Ukraine. Ihre Erinnerung an die ägyptische Sklaverei haben sie verloren, aber wohl nicht jede Erinnerung an den heißen Wüstensand. Überall, wo sie ankamen, froren sie. Wahrscheinlich sind meine Vorfahren deswegen Kaminbauer geworden – und hießen fortan Kaminer.

Ich habe den Beruf gewechselt, trage diesen Namen aber gern. Denn Wärme ist das wertvollste Gut, das wir Menschen weitergeben können. Ein altes indianisches Sprichwort sagt: »Ein Indianer friert unter der Decke. Zwei Indianer frieren nicht.« Und die Ewigkeit? Sie ist schnell vorbei.

Ehefrau Olga ist für Wladimir Kaminer ein offenes Buch. Er müsste es nur lesen können ...

WLADIMIR KAMINER

Einige Dinge, die ich über meine Frau weiß

WUNDERRAUM

Für alle, die wissen, dass man Frauen nicht verstehen muss. Es reicht, sie zu lieben.

WUNDERRAUM
Lesen ist ankommen.
www.wunderraum.de

Unsere Leseempfehlung

256 Seiten
Auch als Hörbuch
und E-Book
erhältlich

Mit ihren 84 Jahren erlebt Wladimir Kaminers Mutter mehr Abenteuer als alle anderen Familienmitglieder – ob beim Englischlernen, beim Verreisen oder beim Einsatz hypermoderner Haushaltsgeräte. Dabei sammelt sie eine Menge Erfahrungen, die sie an ihren Sohn weiterreichen möchte. Schließlich ist der mittlerweile in einem Alter, in dem er gute Ratschläge zu schätzen weiß. Wladimir folgt den Eskapaden seiner Mutter daher mit großem Interesse, immer darauf vorbereitet, etwas zu lernen. Und sei es nur, sich nicht von einer sprechenden Uhr terrorisieren zu lassen ...